一小时英格兰史系列

黑暗年代

阿尔弗雷德大帝与公元5～10世纪的早期英格兰

（英）埃德·韦斯特 著 谭齐晴 译

化学工业出版社
·北京·

Saxons vs. Vikings, 1st edition/by Ed West
ISBN 978-1-5107-1985-9
Copyright © 2017 by Ed West. All rights reserved.
Published by arrangement with Skyhorse Publishing
through Andrew Nurnberg Associates International Limited.

本书中文简体字版由 Skyhorse Publishing 授权化学工业出版社独家出版发行。
本版本仅限在中国内地（大陆）销售，不得销往中国香港、澳门和台湾地区。未经许可，不得以任何方式复制或抄袭本书的任何部分，违者必究。

北京市版权局著作权合同登记号：01-2020-2967

图书在版编目(CIP)数据

黑暗年代：阿尔弗雷德大帝与公元5~10世纪的早期英格兰/（英）埃德·韦斯特（Ed West）著；谭齐晴译.—北京：化学工业出版社，2020.9
（一小时英格兰史系列）
书名原文：Saxons vs. Vikings
ISBN 978-7-122-37347-2

Ⅰ.①黑… Ⅱ.①埃… ②谭… Ⅲ.①英格兰-中世纪史-5-10世纪 Ⅳ.①K561.31

中国版本图书馆CIP数据核字（2020）第118288号

责任编辑：王冬军　张　盼　　　　　装帧设计：水玉银文化
责任校对：张雨彤

出版发行：化学工业出版社（北京市东城区青年湖南街13号　邮政编码100011）
印　　装：凯德印刷（天津）有限公司
880mm×1230mm　1/32　印张 7　字数 129千字　2020年12月北京第1版第1次印刷

购书咨询：010-64518888　　　　　售后服务：010-64518899
网　　址：http://www.cip.com.cn
凡购买本书，如有缺损质量问题，本社销售中心负责调换。

定　价：49.80元　　　　　　　　　　　　　　版权所有　违者必究

Saxons vs. Vikings
Alfred the Great and England in the Dark Ages

目录

引言

第1章
罗马人离开后的不列颠

蛮族迁徙 // 007

罗马人退场 // 014

第2章
布列吞与罗马

不列颠移民潮 // 023

罗马入侵 // 028

布狄卡的反抗 // 034

罗马化 // 040

第3章
盎格鲁-撒克逊入侵

征服的传说 // 051

"黑暗年代" // 057

"天使" // 061

第4章
盎格鲁-撒克逊文化起源
战争泥潭 // 073
文化的冲击 // 081
《贝奥武夫》// 088
可敬的比德 // 090

第5章
奥法大堤
前辈奥法 // 097
剑与盾 // 101

第6章
维京人来了
传说中的维京人 // 105
斯堪的纳维亚文化 // 108
蓝色的人 // 113
"上天之怒" // 117
"维京雄狮" // 120

第7章
最后的王国
国王埃塞尔伍尔夫 // 131

幼年阿尔弗雷德 // 135
一个糟糕的开始 // 140
落难 // 145
爱丁顿战役 // 149

第8章
阿尔弗雷德大帝

沉迷学习 // 155
世界眼光 // 162
"判决之书" // 164
最典型的英格兰人 // 167
英格兰之王 // 169
大帝之殇 // 173

第9章
全境之王

长者爱德华 // 179
"立法者"埃塞尔斯坦 // 182
布鲁南堡战役 // 184
"全英格兰国王" // 187
继承者们 // 192

第10章
阿尔弗雷德的遗产
"万人迷" // 199
国王的遗产 // 202

参考书目 // 207
注释 // 209

Saxons vs. Vikings
Alfred the Great and England in the Dark Ages

引言

公元787年,维京人第一次踏上英格兰的土地,他们在南部沿海的波特兰(Portland)登陆,那时波特兰是韦塞克斯王国(Wessex)的领土。当维京人上岸时,一位名叫比杜赫尔德(Beaduheard)的官员迎了过去,他告诉维京首领,根据政府规定,他们需要缴纳入港税。维京首领用斧子砍掉了他的脑袋,《盎格鲁–撒克逊编年史》(*Anglo-Saxon Chronicle*)①中这样描述:"长官骑马走到他们面前,试图强迫他们遵守皇家规定,因为他并不了解自己正面对一群什么样的人。随后他就被这群人杀害了。"[1]英格兰人与维京人之间的恩怨随着这样一个棘手的事件拉开了序幕。

这是两族许许多多的文化冲突中最早的一例。六年后,

---

① 撒克逊人和萨克森人为同一种族的不同译名,我们习惯将英格兰这一支称为撒克逊人,将留在欧洲大陆的一支称为萨克森人,本书也依照此法。——译者注

维京人袭击了诺森布里亚王国（Northumbria）北部的圣岛林迪斯法恩（Lindisfarne），杀死了许多僧侣，剩下的都被带走，很可能过上了奴隶的悲惨生活。林迪斯法恩大屠杀发生在公元793年6月8日，这一天是圣徒梅达尔（Medard，齿痛和天气的守护神）的纪念日。在屠杀之前，天空中还出现了诸如彗星、旋风和"火龙"等不祥的征兆。在欧洲，传说如果在圣梅达尔日这天出现了糟糕的天气，那么接下来几周都会发生糟糕的事情，因此，这些坏天气被认为是异教徒入侵的预兆。更可怕的是，在793年稍早些时候，传说约克（York）的居民看见有鲜血从圣彼得教堂的屋顶滴落下来。

这些维京人可能来自挪威的霍萨兰（Horthaland）或哈丹格福德（Hardanger Ford），波特兰地方长官原本是有可能与这些新朋友互相体谅的，因为盎格鲁-撒克逊人是三个半世纪以前才从斯堪的纳维亚到来的异教徒入侵者，当时本土的布列吞人（Britons）用同样的冷漠对待了他们的到来。

尽管在那之后的几十年，维京人没有再次在英格兰海岸出现过，但到9世纪30年代，他们又回来了，并且在9世纪剩下的几十年中，进攻愈发猛烈和频繁。到了公元871年，英格兰的四个王国里，已经有三个被维京人征服，仅剩的韦塞克斯王国也岌岌可危，因为面对庞大的丹麦军队，他们的军队不仅数量不占优势，组织也很涣散。正是在这个时刻，一个伟人出世了，他改变了英格兰的历史。

引 言

如果不是阿尔弗雷德（Alfred），英格兰可能根本不会出现在历史上，这也是为什么他能成为英格兰历史上唯一一个冠以"大帝"（the Great）头衔的国王[2]。他击退了丹麦人，统一了英格兰（某种程度上），创立了人人遵守的习惯法，修建了自罗马人离开之后的第一座城市，组建了海军；最为重要的是，他在这个刚刚摆脱了数个世纪蒙昧状态的国家，大力振兴教育，发展文化艺术。阿尔弗雷德大帝本人是成年以后才学会读书认字的，他亲自将拉丁文文献翻译成英文，是亨利八世（1509~1547年在位）以前唯一一个能文善墨的国王，也是2~13世纪唯一一个在为君之道方面留有著作的欧洲统治者。[3]

更让人惊讶的是，阿尔弗雷德作为埃塞尔伍尔夫（Ethelwulf）的第五子，也是最小的儿子，竟是个病恹恹的、有些神经过敏的孩子，如同一个像伍迪·艾伦[①]这样的人被扔进了中世纪早期战争频发的恐怖情景中，他不得不在那些热衷劫掠的北欧蛮族人手下疯狂逃命。正如他在后来翻译的罗马名著《哲学的慰藉》（On the Consolation of Philosophy）[②]

[①] 伍迪·艾伦（Woody Allen），美国电影导演、编剧、演员、剧作家和音乐家，职业生涯已逾50年。艾伦独具风格的电影，范畴横跨戏剧、脱线喜剧，让他成为美国在世最受尊敬的导演之一。——译者注

[②] 作者波爱修斯（Boethius，480~524）是欧洲中世纪开始时一位罕见的百科全书式思想家，在逻辑学、哲学、神学、数学、文学和音乐等方面都做出了卓越的贡献，有"最后一位罗马哲学家""经院哲学第一人""奥古斯丁之后最伟大的拉丁教父"之称。——译者注

中写到的:"世俗的权力永远不能取悦我,我也从不热衷于争权夺势。"他更像是扎根于修道院中的一位学者,一心只钻研圣书和酿酒之法。

登上王位之后的7年间,阿尔弗雷德都在奔波中度过,应对种种艰难困苦的局面,甚至有好几次都差点被俘——在过去一个世纪中有两位英格兰国王在成为俘虏后被折磨致死,因此这对他来说绝对是非常可怕的。而且,阿尔弗雷德自成年以后就长期患有胃病,仿佛生活于他而言还不够艰难似的。然而到了公元899年,即阿尔弗雷德去世的这一年,韦塞克斯已经足够安全,他将邻国麦西亚(Mercia)一半的土地从维京人手中收复,重建了遭到遗弃的罗马城市伦敦,而他的家族将继续他的事业,完成征服整个英格兰的重任。他的孙子埃塞尔斯坦(Athelstan)终于在28年之后完成了这项大业,统一了英格兰,疆域大致与今天的英格兰相当。在公元后第一个一千年行将结束时,"盎格兰"①可能是整个西欧制度发展最完备的社会,那时使用的货币至今仍然流通,陪审制度开始形成,教会也得到了极大发展,教会人员达到了极高的识字率。

在被称为黑暗时代的中世纪,英格兰与几个世纪前这里刚刚产生文明起源的时候相比,已经产生了巨大的进步。

---

① 原文为"Englalond",意为盎格鲁人之地。——译者注

Saxons

第1章

vs.

罗马人离开后的不列颠

Alfred the Great and England in the Dark Ages

Vikings

蛮族迁徙

"布列吞人在呻吟……蛮族人将我们赶到海边,大海又逼我们面对蛮族;我们不得不在这两种死亡方式中做选择,要么被杀死,要么被淹死。"5世纪中期左右,不列颠尼亚行省(Britannia)长官向罗马帝国发出的最后一封求救信中这样写道。

这则信息被吉尔达斯(Gildas)记录了下来,他是6世纪时英格兰一位阴郁的修士,在他那悲观的史书《不列颠的毁灭和被征服》(*The Ruin and Conquest*)中,记录了英格兰逐步崩溃解体的过程(正如书名所言)。他所说的蛮族人是来自北海对面的部族,吉尔达斯称他们为"说英语的人"(Saesneg)或者"日耳曼人"(Garman),不过我们最为熟悉的名称还是盎格鲁-撒克逊人。英格兰历史的第一页就是这些入侵者书写的,三个半世纪以后,他们也遭遇了同样的命运,一波新的、更为恐怖的野蛮人入侵了英格兰岛。

撒克逊人和维京人到来之后的故事都记录在《盎格鲁-撒克逊编年史》中,这部编年史是9世纪时阿尔弗雷德大帝下令编写的,他一共委托编写两本书,另一本则是威尔士僧侣阿塞尔(Asser)书写的传记。这两本书都将阿尔弗雷德刻画成一个英雄,不过即使排除感情倾向的因素,绝大部分英格兰人也都承认他的地位——在他登基的时候,盎格鲁-撒克逊的英格兰王国已处于灭亡的边缘,而到他去世时,已建立起了一个全新的王朝,他的后裔至今仍是英格兰的统治者。同时,他创建了法律体系,将拉丁文化引入英格兰,为这个国家的政治和法律系统奠定了基础。

阿塞尔是阿尔弗雷德聘请的一位修士,他生活的时期是阿尔弗雷德治下相对和平的时期——毕竟那时英格兰大部分时间都遭受着维京人的侵袭。阿塞尔的传记以一段圣经风格的文字开篇,阐释了国王的无上尊贵:阿尔弗雷德是韦塞克斯国王埃塞尔伍尔夫的儿子,国王埃格伯特(Egbert)的孙子,再往上追溯,他的祖先是王国最早的统治者——6世纪时半传说式的人物瑟迪克(Cerdic)。尽管瑟迪克是否真实存在尚待考证,但在传说中他是西部撒克逊王国(即韦塞克斯王朝)的建立者,率部从日耳曼出发,于495年抵达汉普郡(Hampshire)。通过瑟迪克,阿塞尔继续往上追溯阿尔弗雷德的谱系,直到沃登(Woden)、基特(Geat)还有其他一些欧陆神话中的日耳曼人物,甚至将他的族谱与《圣经》中的谱系结合起来,说成是赛斯(Seth)和诺亚的后裔,最终追溯到了亚当。

盎格鲁人和撒克逊人最终征服了罗马帝国布列塔尼亚省的大部分土地,但他们全都是不识字的野蛮人,所以他们最早的历史是由敌人和被征服者书写的,而本土的布列吞人显然不会为他们说好话。吉尔达斯描述撒克逊人的到来时,说他们如同"一批什么都不懂的幼兽",身后跟着"一大群随队的狗"。之前提到的那封求援信大概是在公元449年寄给罗马执政官阿基提乌斯(Agitius)的,信中恳求他派兵支援布列塔尼亚,以抵抗野蛮的入侵者。罗马人回应了他们的祈求,但不幸的是,罗马人的答复是"不",更确切地说是"自己的事情要自己处理好"。

接下来的一个世纪里,吉尔达斯完成了自己的著作,他那时住在相对安全的阿莫里卡(Armorica),许多布列吞人在战乱时逃到了那里〔这也是为什么这片地区现在被称为布列塔尼(Brittany),是法国酗酒率最高的地区之一〕。在著作中吉尔达斯不仅诅咒了撒克逊人,还诅咒了给不列颠带来灾难的各个统治者。其中包括康斯坦丁(Constantine)——他"是达诺尼亚①母狮所孕育的幼兽,暴虐而专制";"熊一般的"

---

① 达诺尼亚(Damnonii),中世纪早期苏格兰南部的一个部族,后来建立了斯特拉斯克莱德王国(Strathclyde kingdom)。——译者注

库恩格拉瑟（Cuneglasse），不清楚具体指谁；还有另一个叫玛格罗库恩（Maglocune）的人，被吉尔达斯称为"英格兰岛的恶龙"。吉尔达斯描述了第一波入侵者是如何到达东海岸的："他们上岸后修复了自己受损的'利爪'，姿态如同要保护这个国家一般，但实际上却是要侵占它。在他们成功占领此地之后，又一批跟随者和猎犬从他们的日耳曼国土乘船而来，加入他们卑鄙的同伴之列。"他还大量引用了《启示录》中的内容[1]，这使他的散文有时遭到仇视。吉尔达斯就像一个原始的报纸专栏作者一样，四处散播厄运将至的消息，他总是预言未来的一切都将走向毁灭。当然，他所说的都是对的——英格兰的确注定要走向毁灭了。

对任何人来说，那个时代都不是一个好的时代。4世纪末期的欧洲地图如同一幅混乱的气象图，上面标满了各种箭头，代表着各个部落迫于战争而在大陆上进行的迁徙活动，迁徙总人口达到了8万人。汪达尔人（Vandals）从今天的波兰地区迁徙到了德意志，然后到法兰克，随后南下到西班牙，跨海到达突尼斯，又前往西西里，最终于455年洗劫罗马。他们的名称至今仍在安达卢西亚地区（Andalucía）被使用（用来形容那些盲目破坏一切的无知者，尽管从大部分历史记录来看，汪达尔人其实并不算是最恶劣的）。西哥特人（Visigoths）发源于罗马尼亚地区，他们入侵了希腊，而后从意大利南部登陆，迅速侵占了这个国家，最后定居在西班牙中部,并统治这片地区长达几个世纪,摒弃了自己原先的信仰,成为天主教徒。黑海地区遭受了来自斯堪的纳维亚的哥特人和赫鲁尔人(Heruls)的袭击,如同3世纪时一样。与此同时,罗马帝国的欧洲北部沿海一带、如今的比利时地区遭到了"部落联盟"的袭击——这些由多个部落组成的联盟自称法兰克人。

罗马人最终夺回了对原有领土的控制,英格兰海峡两边的土地都重归罗马的军事管辖下;他们还建立了所谓的撒克逊海岸防线,很可能是从萨克森地区征集蛮族人来卫戍此地。最终,大批萨克森人都去保卫不列颠,抵御另一支可怕的长发日耳曼人。

不过那时,匈奴人才是所有蛮族中最富冒险精神的一支。他们发源于中亚,跨过广阔的俄罗斯草原来到特兰西瓦尼亚(Transylvania),在这里分成两支,一支抵达巴黎附近,另一支入侵意大利。

说话嘟嘟囔囔、脸上长满毛发的哥特人和汪达尔人,是曾经让罗马人夜不能寐的恐怖蛮族,但即使是哥特人和汪达尔人,也对匈奴人心生畏惧。匈奴人从中亚引入了马镫,极大扩展了马上部队可到达的陆地范围,这使得他们能够在罗马帝国的领域内继续拓展地盘。

罗马帝国为什么会衰落?原因有很多,但其衰落的过程如此缓慢,而这个议题又是如此富有争议,你甚至可以为此写一部六卷本的巨著。①罗马帝国晚期出现的问题有通货膨胀、军阀混战、出生率难题,以及蛮族的入侵队伍兵临城下等——问题实在太多,以至于根本没法解决。

帝国西部地区被日耳曼人一点一点地侵占,罗马人逐渐无力掌控这片土地。而布列吞人这才明白,在"罗马人为我们所做的事情"这张清单上,"保卫安全"是位列第一的。在他们的北方生活着皮克特人(Picts),虽然距离不算太近,不足以成为圣诞节互相邀请的邻居,但正是由于罗马军队驻守哈德良长城(Hadrian's Wall),才得以防御皮克特人长达4个世纪之久。罗马帝国的军队一朝撤回,皮克特人立刻从苏格兰老家南下,对曾属于不列颠尼亚省的土地展开侵袭和掠夺。布列吞人曾向帝国军队求援,但罗马皇帝霍诺里乌斯(Honorius)却有自己的烦恼,因为当时西哥特人正在入侵罗马,还绑架了他的姨妈。

正当罗马人为他们的庄稼遭到践踏、亲人遭到杀戮而悲叹哀号时,其他地区的人还要应对气候的变化。位于日耳曼北部的"瘦岛"昂格尔恩(Angeln)地势低平,很容易被海水淹没,不幸的是,这个时期正好出现了气候回暖的现象,被称为"一次短暂的气候适宜期"(Little Climatic Optimum),低地国家②的部落为了应对气候变化,不得不将房子建在人

---

① 指爱德华·吉本(Edward Gibbon)的《罗马帝国衰亡史》(The History of the Decline and Fall of the Roman Empire)。——译者注
② 指荷兰、比利时和卢森堡。——译者注

工堆砌的土丘上，但最终它们仍然被淹没了。

在昂格尔恩的南部居住着撒克逊人，他们的名字来自单词"scramaseax"，指的是他们曾经在战场上用过的一种刀，而其南边则居住着朱特人。这三个部落（据我们猜测）都面临着内部的人口压力，这使得渡过冰封的北海去侵占苏格兰成为一个极具吸引力的计划。而且对他们而言，非常幸运的一点是，罗马帝国文明的崩塌给他们带来了一些工作机会，让他们得以进入我们今天称之为安保产业的领域。

此时的英格兰已经无力抵御边境地区的蛮族入侵，统治者们别无他法，最好的选择就是雇用另一支蛮族部队来与入侵的蛮族作战——他们选择了来自昂格尔恩的日耳曼雇佣兵。这个办法十分简单，而且在当时是完全可行的。罗马人也曾雇用萨克森人做劳力长达几个世纪之久，所以萨克森人被认为是勤勉、值得信任的民族，而且最重要的是，他们还很廉价。他们是历史上第一个被别的民族雇用的低廉移民部落，去完成当地人不愿自己做的事情。

早在公元320年的时候，诺福克地区（Norfolk）有一个庞大的日耳曼部落，但后来，日耳曼的各支部族都在不列颠岛为罗马帝国作战了更长时间，尽管结果并不尽如人意。在不列颠岛，关于日耳曼人的最早记录出现在公元83年：一些应征入伍的士兵谋杀了他们的长官和其他一些常备兵，盗走了三艘船，试图绕过苏格兰回到他们自己的老家去。但他们在途中遇到了海难,最后只能互相残杀谋食,当最后的幸存者们回到家乡莱茵兰(Rhineland)时,却被自己的老乡绑架了,作为奴隶又卖给了罗马人。这真是一个讽刺的结局,罗马人一定笑掉了大牙。

罗马人退场

罗马人离开不列颠之后,布列吞人陷入了内战泥沼,许多地方军阀陆续称王,其中一些人的名字至今仍在传奇故事中被歌颂,比如老国王科尔(Old King Cole)。科尔,或称科尔·亨(Coel Hen),可能是一位前罗马将领,后来成了篡位者(那时有很多这样的军阀)。他也可能是土生土长的布列吞人,统治着在威尔士语中称为亨·奥格雷德(Hen Ogledd,意为"古老的北方")的地方——指的是英格兰北部和苏格兰南部地区。这位生活在5世纪的国王是如何从鲜为人知到频繁出现在18世纪初期的童谣中的,实在是个未解之谜,但可以肯定的是,大约在1200年,威尔士才出现与他相关的故事。

大约一个世纪以后,一个影响更为深远的人物出现了,他的名字叫维特乔恩(Wyrtgeorn)或者沃蒂格恩(Vortigen),虽然"沃蒂格恩"很可能只是"国王"的意思,而据吉尔达斯记载,他的完整称号是"贱嘴沃蒂格恩"(Vortigen of the repulsive mouth）。吉尔达斯明显不怎么喜欢他。

在那个公认充满挑战的年代，沃蒂格恩的作为似乎是与理想情节有所出入的。在公元430年或449年，他雇用了多达三艘船的朱特人与皮克特人进行战斗，这些朱特人都是些饥饿又暴力的穷人，由一对名为霍萨（Horsa）和亨格斯特（Hengest）的兄弟（他们的名字意为"马和种马"）作为领袖。雇佣军抵达了前罗马行省坎提乌姆（Cantium），还带着一些女性家属，包括亨格斯特的女儿罗威娜（Rowena）——据说是个大美人（至少以黑暗中世纪的审美标准而言，她被称为美人，而那时的标准可能并不是那么严苛）。根据传说，沃蒂格恩爱上了这个女孩，他向朱特人许诺，如果能够赢得罗威娜的芳心，就把萨尼特岛［Thanet，此岛在当时叫鲁姆岛（Ynys Ruym），听起来是威尔士语］赠与朱特人。这些硬汉们完成了自己的工作，沃蒂格恩也获得了女孩的青睐，并如约将小岛赠与朱特人。（在这里必须指出，这个故事可能完全是编造的，事实上几乎可以肯定是假的。）

下一次，朱特人带着20艘战船回到这里，不久之后他们又带来了60艘船。到这时，一些悲观的布列吞人肯定已经在想，他们雇用的外族军队是不是太多了，而这个趋势或许已经成了某种危险即将发生的征兆。沃蒂格恩告诉日耳曼人，自己已经不再需要他们了，也不会再付给他们薪资，并让他们自行离去。这时朱特人展开了反击，他们占领了整个坎提乌姆，也就是他们所称的肯特（Kent），但糟糕的是，此时的皮克特人却与朱特人曾经的雇主联合了起来。

根据传说，朱特人和布列吞人决定举行一次和平谈判，双方各派300名卸去武装的战士前往。但在他们达成和平协议之前，亨格斯特和他的手下就掏出了藏着的匕首，屠杀了在场的所有布列吞人，除了沃蒂格恩。这次谈判就以这样一桩阴谋而告终。推测起来，这也可能只是沃蒂格恩的一面之词，当他后来出现在威尔士，这个故事就成了著名的典故"长刀的背叛"（Treachery of the Long Knives），而朱特人却没能记录他们的历史，我们永远无法得知真相如何。

撒克逊人大举进犯（他们曾在北海海岸更北的地方做出过类似的行径），拿下了泰晤士河口另一边的土地，现称"东撒克逊王国"，或埃塞克斯王国（Essex）。再往北，盎格鲁人占据的土地成为后来的东安格利亚（East Anglia）、林肯郡（Lincolnshire）、约克郡和诺森伯兰郡（Northumberland）。

即使是5世纪最开明的文化相对主义者——如果那时他们存在的话——也一定会将那时的局势视为历史的倒退。原本在罗马帝国统治下的英格兰人生活在城市里，他们能读会写、去公共浴室洗澡、享受剧院文化、说拉丁语、品尝进口的葡萄酒。这些布列吞人是文明人，他们对侵略者的态度是轻蔑的，如同你看待一个在公共交通工具上大吵大闹的疯子，只想付点钱赶紧把他打发走。

第1章 罗马人离开后的不列颠

吉尔达斯对盎格鲁–撒克逊人给自己的国家所带来的多元文化并不感冒,反而将他们称为"残忍狂傲、弑父杀母、好战成性、违反伦常的人"。他描述了一开始的时候,布列吞人是如何给日耳曼人食物,以"堵住他们的嘴",而每一次这样的情况都以日耳曼人获得新的土地而收场。毫无疑问,在历史上没有哪位勒索者会在勒索的对象交出财物之后就肯善罢甘休,盎格鲁–撒克逊人也不例外。

撒克逊人不是在城市里养出来的善于心计的民族,他们习惯将前额的头发剃去,只留长后半个脑袋的头发,他们的脸因此显得更大、更吓人。[2]他们可能有献祭人牲的传统,用敌人的颅骨盛酒喝。5世纪的罗马编年史家圣希多尼乌斯·阿波黎纳里斯(Sidonius Apollinaris)曾写道:"在残忍弑杀这方面,无人能与撒克逊人相匹敌。"[3]可以想象,那时他们的比较对象应该是非常多的。根据罗马历史学家塔西佗(Tacitus)的说法,撒克逊人会在每十名俘虏中抽出一人钉上十字架或是投入水中溺毙。

入侵者们只在占领三处罗马故地——分别是林肯、巴斯(Bath)和赛伦塞斯特(Cirencester)——时花费了一些精力,他们在罗马的伦敦城以西一英里①的地方建了新城,称为伦敦威克(Lundenwic)。入侵者们大都定居在了小村庄,在撒克逊人入侵之后,大部分罗马城市都被废弃了——维多利亚

---

① 1英里≈1.61千米。——编者注

时期的英国历史学家们将之归因于撒克逊祖先淳朴诚恳的男性气概，但实际上更可能是由于那时的撒克逊人并不知道如何运作水管之类的城市硬件。盎格鲁人和撒克逊人之所以避开罗马废墟，还可能是由于害怕这些建筑"闹鬼"，而且他们认为这些建筑都是巨人们建造的[4]。吉尔达斯用一贯的欢快语调写道："我们国家的城市居住情况至今不如从前，很多城市到现在还是肮脏废弃的遗迹。"（吉尔达斯的笔调有时也显得十分压抑。）

与罗马人不同，盎格鲁-撒克逊人在修路方面毫无建树，直到18世纪，英格兰都没有几条可供高速通行的大道。他们修建房屋的方法是在猪圈外建造只有一层的楼房，与辉煌壮丽的罗马建筑相去甚远。而他们最久远的建筑遗产也不过是墙上的巨幅粉笔画，其中最为著名的是阿芬顿白马峭壁（White Horse of Uffington），尽管它令人惊叹，却也很难与罗马的竞技场相提并论。

同样不复存在的还有各种丰盛的食物，它们也是罗马帝国恢宏大气的体现。比如在热气腾腾的宴会厅中，整只烤野猪放在堆砌的无花果中，人们饮用意大利红葡萄酒，身着长袍的男孩子们读着《荷马史诗》。而现在，盎格鲁-撒克逊人大部分时候都在养牲畜的屋子里喝清淡的粥。

人们通常认为，英格兰人虽然起身缓慢，但最终一定会直面敌人，并给予敌人迎头痛击。不幸的是，古代布列吞人并没有得到罗马的支持。所以,当这种单纯的雇主(商业伙伴)关系在明确的仇视态度中瓦解之后,吉尔达斯笔下这个"好战"的民族扑向了布列吞人。

布列吞人再次求助于罗马人。罗马人这次甚至都懒得回复他们了,此时古老的罗马帝国已经只剩一只空壳子,昔日荣光不再,各个方面都在加速衰落中。布列吞人的处境就如同灾难电影中,机舱内的人突然收不到无线电信号了,他们于是意识到,自己成了孤立无援的人。

说拉丁语的英格兰贵族们做了所有失败者会做的事情,他们一部分人逃往北部高地,另一部分跨海到了阿莫里卡,也就是后来的布列塔尼,又称"小不列颠"(Lesser Britain,这也是为什么不列颠被称为"大不列颠")。而留在原地没走的这部分人,则生活在了撒克逊人的统治下,最终接纳了撒克逊的语言。对很多人而言,这似乎是一个最终被文明化了的结局,不过无论如何,至少他们摆脱了皮克特人的威胁。

布列吞人将入侵者称为"说英语的人"(the Saesneg),正如今天的欧洲人将他们西边的邻居称为"说英文的人"(the English)一样(在苏格兰盖尔语中,他们叫"Sassenach",在康沃尔语中则被称为"Sowsnek")。反过来,入侵者们则称当地人为威尔士人(Welsh),这个词含义复杂,但没有一个意思是正面的,不是"奴隶""异邦人",就是"深肤色的陌生人"〔同样地，说法语的比利时人被叫作"窝龙人"（Wallons）；在罗马尼亚，"瓦拉几亚"（Wallachia）一词也有相似的来源；而在伦敦话中，"康沃尔"（Cornwall）、"沃尔萨尔"（Walsall）和"沃尔瑟姆斯托"（Walthamstow）可能都来源于"wal"这个词〕。"食言的人"（The Welsh）或者"威尔斯人"（Cymraeg），则将他们的邻国称为"Lloegyr"，字面意思就是"失地"（the lost lands）。

日耳曼人最终将自己新的定居地称为"Angelcyn"，在千禧年到来时，它的名字成了更为著名的"盎格兰"。

第2章

vs.

布列吞与罗马

Alfred the Great and England in the Dark Ages

不列颠移民潮

"不列颠"（Britain）这个名称几乎可以肯定是皮亚西斯（Phtheas）杜撰的，他是住在马赛（Marseilles）的一位希腊航海家，公元前330年，他凭着直觉一路航行，到达了苏格兰北部。腓尼基人（Phoenicians）与希腊人一样，早就知道苏格兰岛群的存在［公元前5世纪的历史学家希罗多德（Herodotus）在书中称其为"Cassiterides"，或"Tin Islands"］，[1]但没人知道这些岛屿具体在哪儿，皮亚西斯是第一个如此疯狂地开展冒险之旅的人。

皮亚西斯的努力付出并没能为他赢得荣誉。他回到大陆之后，向人们讲述他去过的岛屿：那里每天只有两个小时能见到太阳，天气极度严寒，人们只能居住在小木屋里；那里还有巨大的海生动物，能从头部喷出水柱。人们对鲸的形象和苏格兰冬天的种种欢乐都极其陌生，认为他在说一种老海狗,那是无聊的水手们经常捏造的生物。

当8个世纪之后的盎格鲁–撒克逊人登陆这座小岛时,据最可靠的估计,他们已是第10支大规模跨海而来的部族了。

不列颠最古老的人类遗骸迄今已经有3万年的历史,被称为帕维蓝红夫人(Red Lady of Paviland),实际上是一具男性的骸骨。这具骸骨是19世纪被发现的,发现者们认为这个世界只有6000年历史,于是根据这具骸骨被红色侵染过的痕迹,断定其原是一位罗马女性。在上一个冰期时,人们离开了不列颠岛,那时不列颠岛与欧洲大陆连为一体,因为海平面太高了,直到1.1万年前,不列颠岛才与大陆重新分开。岛上第二古老的骸骨是切达峡谷男人(Cheddar Gorge Man),他生活在公元前7150年左右,是19世纪初在不列颠最大的一个洞穴中被发现的。[神奇的是,1996年,在距切达男人生活地点数英里之外的布里斯托(Bristol),科学家们发现了与他有母系血缘联系的族裔,是一位42岁的历史老师,名叫阿德里安(Adrian),他与切达男人的骸骨携带同样的线粒体DNA,因此可以推断,他母亲的母亲的母亲……与切达男人的母系先祖应该属同源。]

切达男人应该只活到了25岁左右,被人打破了脑袋而死,根据历史文献的记录来看,这类事件在史前的不列颠并不鲜见。那时,50个人中就有一个可能被人用棍棒敲打头部致死,13个人中就有一个曾遭遇过类似的攻击。这些数据是通过分析一些头盖骨得出的,这些不幸的人生活在公元前4000年到公元前3200年,这还是只计算了头部伤害得出的数据,那时的人们很可能还用鹿角作为武器,伤害对方。这样回想起来,吉尔达斯也没什么好抱怨的①。

在罗马人之前,跨海来到不列颠岛的移民潮大约有9波,公元前3700年左右这里有了农业,公元前2000年左右发生了一次比较大的技术革命,是所谓的"宽口陶器人"(Beaker People)带来的(由他们的名字就可以猜到,他们擅长制作宽口陶器)。不列颠的青铜器时代大约从公元前2500年一直持续到公元前800年左右,而后铁器时代到来了,但就生活水平而言,却并不比前一个时代有多大提高,事实上甚至还更糟糕了。²英格兰的许多遗址都显示,铁器时代发生了多次屠杀,其中最恐怖的(也是考古学家最感兴趣的)一次屠杀发生在皮克区(Peak District)的芬托(Fin Top)。DNA实验结果显示,这里的人与西班牙西北地区的巴斯克人(Basques)有血缘关系,巴斯克人所说的方言模糊不清,与欧洲任何其他地区的语言都不太相似,应该是巴斯克方言的部分存留。大部分原始语言都已经在公元前4000年到公元前1000年的时间里被印欧语所替代,巴斯克人的语言却留存了下来,随后不列颠岛也经历了印欧语渗透的过程。³除了匈牙利、芬兰和爱沙尼亚的语言,其他欧洲语言都或多或少有一

---

① 意为史前时代的英格兰与撒克逊人社会同样血腥残忍。——译者注

些亲缘关系,因为它们都属于印欧语族。在不列颠,印欧语的入侵者被称为凯尔特人(Celts),他们在到达之后显然攫取了这个岛国的最高权力,因为这里的人最终都开始说凯尔特人的语言。

尽管切达男人时期的语言已经遗失了,我们却知道,比凯尔特人更早的入侵者给我们留下了英语中最古老的两个单词——泰晤士(Thames)和克莱德(Clyde)——虽然我们不知道具体是哪一族入侵者留下的语言,因为毕竟有好几波外来民族到达过,有些是来自伊比利亚半岛或法兰克,有些是渡过北海而来。

古代不列颠留下的最重要的遗产就是巨石阵(Stonehenge),它大约完成于公元前2600年,可能是一个日晷(也可能是一个丧葬地点),不过似乎阵势有些铺张了。原始不列颠人这时已经开始驯养野马,准备将巨大的石头从250英里之外的威尔士运到威尔特郡(Wiltshire),以完成这个巨大的历史遗迹。这件事情在当时的震撼度,如同现在海地突然宣布他们即将送宇航员去火星一样。更不可思议的是,巨石阵的修建花了3000年的时间,修建它的人们一定经世累代地抱怨着这个浩大的工程。不列颠历史上第二引人注目的遗迹是同样发现于威尔特郡的小型木制橱柜。

在皮西亚斯的时代,不列颠岛被凯尔特人占领,他们是铁器时代从欧陆中部迁徙过来的部族(尽管对他们的称呼还有所争议，而且也无法确定英格兰和法兰克的这支凯尔特人是否与奥地利的凯尔特部族有亲缘关系。之所以有这样的疑问，是因为罗马人将任何除日耳曼人以外的野蛮人都叫作"凯尔特人"）。公元前900年和公元前500年，古布列吞人分两波跨越海峡来到了这里，他们那时说着布列吞语（Brythonic language），这是威尔士语的"先祖"。这群人尤其喜欢文身，由此使这座岛得名布列塔尼，或称不列颠——意为"文身的部族居住的土地"。⁴这个国家的另一个名称是阿尔比恩（Albion），得名于凯尔特语中的"白色"一词，源自多佛郡（Dover）的白色悬崖（阿尔卑斯山的名字也有同样的来源）。⁵

我们对凯尔特人也了解不多，尽管与这里的原住民相比他们的社会结构明显更复杂。凯尔特人大约分成了20个部落，他们之中最强的国王叫库诺贝林诺斯（Cunobelinus）——也就是莎士比亚戏剧中的辛白林（Cymbeline）——建立了不列颠的第一座城市卡图维勒尼（Catuvellauni），或称科尔切斯特（Colchester）。

他们当然绝不是什么高贵的野蛮人。罗马人将高卢北部和不列颠东南部更开化些的凯尔特人称为比利其人（Belgae），他们最著名之处在于读写能力（当荷兰人和法兰克人终于无法忍受共用同一条边界之后，他们达成协议，准备创造一个新国家，以这支凯尔特人部落的名字命名这个新的国家①）。尽管比利其人没有本土文学和核心艺术，但他们仍然给自己的国家留下了"珍贵的遗产"——在赫特福德郡（Hertfordshire）的帕克街农场上，曾发现一些铁制的链子，这是当时用来将囚犯拴在一起服劳役的；更加残忍的是，在白金汉郡（Buckinghamshire）汉布尔登地区（Hambleden）的一个奴隶农场上，还发现了97具婴儿的骸骨，都是刚出生就被抛弃的女婴。

多亏了现代法医学的鉴定，我们得以知晓，那时的凯尔特人食用一种致幻的蘑菇，但当罗马皇帝克劳狄一世（Claudius，公元41~54年在位）于公元44年骑着大象率军到达不列颠时，他给这里的人们带来了多大的震惊，我们就只能自己想象了。

罗马入侵

与其他只是对不列颠有些许了解的人一样，罗马人也相信，这里的原住民实行人牲制度，并且他们都只有一只眼睛。天知道独眼的这个说法是从哪里传开的——也许是有人碰到了一个独眼的布列吞人，就认为所有布列吞人都长成这样了——不过，他们对于另一件事（指人牲）的看法或许是真的。不列颠的许多墓葬遗址都显示出，这里的人们对极端

---

① 也就是今天的比利时。——译者注

暴力行径一点也不陌生，不过从书面的记录来看，只有罗马人留下了文字证据。事实上，在人们的印象中，一般而言布列吞人对罗马人是充满厌恶的，正如他们对罗马人的称呼所显示的那样——他们叫罗马人"Brittunculi"，意为"可怜的小布列吞人"。尽管罗马人喜欢刀剑比拼之类的流血行为，但他们却憎恶活人献祭，对任何实行人牲的族群都鄙视万分。不过，他们也将文身视为犯罪者或奴隶的印记，既用作一种惩罚措施，也作为一种标签的形式。

在公元前2世纪到公元前1世纪早期的时候，罗马帝国进入了一段快速扩张时期。在公元前58年，尤里乌斯·凯撒将军统一了高卢（今天的法国）全境，据罗马方面的记载，约有100万当地居民在这场征服中失去生命（罗马人倾向夸大他们在征服途中杀死的人数，以此显示他们是多么令人畏惧）。北部高卢生活着难缠的比利其人，他们与不列颠西南部有密切的文化和贸易交流。那么，一个当时的布列吞人只要对地理政治学有足够的了解，他就能预测接下来会发生什么了——尽管公平地说，当时这样的人实在不太多。

凯撒本人非常傲慢，即使在罗马人中也非常突出，他的野心是：要么统治全世界，要么被杀死（最终实现了）。在征服了高卢后不久，他就开始计划自己的下一次征服行动了。他脑中策划着下一次入侵，首先，他派高卢北部已经臣服的比利其国王科米乌斯（Commius）去当说客，劝说布列吞人不要抵抗罗马人，就能得到些许好处。科米乌斯据说是不列颠东南部地区一个颇受尊敬和有影响力的人物，但他刚一上岸就被抓了起来，成了人质。

凯撒的计划可不会那么容易就终止，公元前55年，他率领1万士兵抵达坎提乌姆王国，这个地区是坎提阿部落（Cantiaci tribe）的所在地，也就是今天的肯特郡和坎特伯雷郡（Canterbury）。凯撒登陆的地方距现在的多佛很近，但他只是率领自己的大军在这里走了一遭，让当地人观光了一番，接着就离开了。不列颠的士兵驾驶战车追击罗马人直到海岸，盯着他们乘船回去，通过武力明白地告诉罗马人，他们在这里并不受欢迎。次年，凯撒率一支更庞大的军队又来到这里，却由于不适应这里的天气而再次打道回府，并且在回去之后举行了一次破纪录的、长达20天的庆功盛宴。他们为这次仅仅为期一天的多佛之旅所举办的宴会，比为庆祝凯撒征服整个法兰西所举办的宴会还要长5天时间。

四年之后，罗马陷入内战，凯撒被谋杀，在这之后的一百年里，罗马帝国都满足于与布列吞人进行贸易往来，而不是想去征服这座岛屿。毕竟跨海远征需要投入巨大的花费，除此之外，不列颠的人民在他们眼里都是生啖血肉的独眼巨人，即使是最老辣的罗马人也不会觉得乘船去与他们作战是一件轻松的事情。公元16年，曾有几艘罗马船只遭遇海难被迫在不列颠登陆了，他们在这里应该是受到了热情的招待，但回到大陆之后，他们仍然讲述这里充满怪兽的故事。

疯疯癫癫的罗马皇帝卡利古拉（Caligula，公元37~41年在位）曾试图在公元39年或40年登陆英格兰，但计划失败了，并且不久后死于谋杀。四年之后，他的继任者，也是他的叔叔克劳迪乌斯（即克劳迪一世）发起了对英格兰的入侵战争。引战的由头是德鲁伊教①，这个来自凯尔特的教派正是发源于高卢和不列颠岛。我们试图将德鲁伊教徒看作一群无害的怪人，他们只是喜欢用"魔法药水"到处捣乱，但他们还喜欢进行宗教仪式性的谋杀活动，这就给了罗马人借口，在道德上对他们进行指责。而且除此之外，高卢的德鲁伊教徒还得到了隔海的英格兰同伴们的支持。（需要再次强调的是，这些说法都是来自罗马方面的记载，他们对其他地方文化的看法难免有失偏颇。）这时还发生了另一件事，一个不列颠当地部落向罗马帝国发出了求援信，瘸腿且有些口吃的皇帝非常害怕遭到德鲁伊教谋杀，于是他选择在公元43年发起入侵行动也就是意料之中的事情了。

普劳提乌斯（Aulus Plautius）在布洛涅（Boulogne）集结了一支约4万人的罗马大军，但这次侵略行动却有一个糟糕的开头，军中有部分士兵因为畏惧海洋而发生了暴动。克

---

① 古德鲁伊教（Druidism）是在基督教之前，在古英国凯尔特文化中占据统治地位的宗教组织。在当时具有可与国王匹敌的权力。德鲁伊（Druid）这个单词的原意是"熟悉橡树的人"，在历史上，他是凯尔特民族的神职人员，主要特点是在森林里居住，擅长运用草药进行医疗，橡果是他们崇拜的圣物。——译者注

劳迪乌斯命令大臣那喀索斯（Narcissus）劝说这些士兵，由于那喀索斯曾经是一名奴隶（在罗马社会中，被释放的奴隶在受教育后可以奋发向前，获得很高的社会地位），派他去做说客可能更加激怒了这些狂妄的军团士兵。他们并未冷静下来，反而认为，这个奴仆也敢对他们指手画脚，真是非常滑稽。他们大声嚷嚷着"Io（发音为'Yo'）Saturnalia"——这个短语来自一个奇怪的年度节日，在这个节日时，奴隶可以穿上自己主人的衣服。[6]

可能是出于恐惧，也可能只是由于羞怯，布列吞人一开始并未对罗马人的入侵有所反应。罗马大军在肯特逡巡了数天之后，终于决定在梅德韦河（Medway）河畔发起一场战役，第二军团在这场战争中与比利其部落展开了搏斗。一天的战斗结束之后，双方胜负未分，一致同意回到各自营地，第二天早晨再接着打——真是一场公平公开的战役。罗马人在第二天的战斗中取得了胜利，他们跨过了泰晤士河，占领了整个英格兰东南部。

这场对英格兰的入侵最终以克劳迪乌斯骑着大象进驻卡图维勒尼而胜利结束，他选择以这种方式出现，就是为了让英格兰人明白，罗马入侵者是多么强大的一支武装力量。他将这座城市改名为卡穆洛杜努姆（Camulodunum），设为不列颠尼亚行省的首府，并在城中心修建了一尊自己的巨型雕塑——这尊塑像被极力塑造得跟凯撒相似，凯撒与他有亲戚关系，形象更具有男性气概。皇帝回到罗马之后，还修建了一座凯旋门，自称这一场征服战中打败了11位国王（尽管都是非常小的国家）。科尔切斯特城中央的这尊塑像在罗马人撤退之后就被摧毁了，这片地方在四个世纪之后被洪水淹没，直到1907年一个萨福克地区（Suffolk）的男孩在阿尔德河（River Alde）中游泳才发现了它。尽管当时罗马人只占领了不列颠岛南部地区，他们的威名却广为流传，以至于偏远的奥克尼群岛（Orkneys）都有首领派出使臣前来表忠心。

当然，罗马人也不是受到所有人欢迎的，卡图维勒尼部落的卡拉库塔克斯（Caractacus）就在西部发起了武装抵抗，最终战败，逃到北部布里甘特人（Brigantes）那里寻求避难。但布里甘特族的王后卡图曼度（Cartumandua）却站在了罗马人那边，将前来避难的卡拉库塔克斯交给了罗马军队，他被带回元老院审讯，罗马人将他看成一个奇异的野蛮人，在送去判决以前，还在军队的胜利游行上让他游行示众了一番。在这次审讯中，卡拉库塔克斯向元老院解释说，他固执而粗鲁的反抗其实反而证明了罗马的光荣与辉煌，证明了罗马军队是世界上唯一一个能够征服自己民族的力量，而且也是世界上唯一一个伟大而心胸宽广的民族，证明这一点的最好办法就是将自己释放，并给予一份轻松的工作和一处安家之所。以上记载都来自罗马历史学家塔西佗，他最为擅长的就是为根本不识字的蛮族人拟订宏大的演说辞，他笔下的卡拉库塔克斯是这样陈述的："如果你们处理我的方式，与处理那些毫无抵抗立即投降的人没什么区别，那么既不能彰显我的特殊，也无法弘扬罗马的伟大。而且就我现在这种处境，任何报复性的行为都能够轻易被你们制裁，但如果换一种方式，他们向我提供好吃好住，我就能够成为你们仁慈宽容的经典代表。"

不管卡拉库塔克斯当时的措辞究竟如何，元老院最终决定释放他。卡拉库塔克斯被释放的消息一夜间轰动全国，他余生都在帝国首都生活，成了罗马城的一位名人。

卡图曼度的前夫维努提乌斯（Venutius）却一直怨恨着她，因为她为了自己的扈从而抛弃自己，这无疑是一种深刻的羞辱，于是他发起了一场叛乱以解心头之恨。后来这场叛乱演变成为全国性的起义，布里甘特人将他们的王后推翻了。最终罗马人出面镇压了这场起义，关于他们是如何处置维努提乌斯的，历史上并未留下记载，但很可能是动用了可怕的刑罚。

布狄卡的反抗

尽管不列颠尼亚这个新建的行省在接下来的20年中保持了相对和平的局面，但随后却发生了更为激烈的叛乱，叛乱的主要原因是土地问题、继承税和对女性地位的文化偏见。

居住在现在诺福克地区的爱西尼人部落（Iceni）当时是罗马人的盟友，直到他们的国王苏塔古斯（Prasutagus）在公元60年去世。根据传统，苏塔古斯将自己的一半财产献给了罗马皇帝——当时在位的是完全疯癫的尼禄（Nero），另一半财产则由妻子布狄卡（Boudicca）继承。这是凯尔特传统中对遗产的分割办法，但在男性占绝对地位的罗马，他们的传统是被征服之地的统治者必须将所有土地上交给皇帝，罗马人绝对无法想象，一个女人——尤其是蛮族女人，居然可以继承如此多的土地。不列颠尼亚省的罗马官员剥夺了布狄卡的土地财产，鞭打她，还侮辱了她的两个女儿。

那时，罗马的主力大军由苏托埃尼乌斯·鲍利努斯（Suetonius Paullinus）长官率领，驻扎在如今威尔士的迪伊河（River Dee）河畔，他们所见到的景象无疑让他们所有关于不列颠土著的偏见都得到了确证：长发的泼妇穿着纯黑的长裙，像极了罗马神话里令人毛骨悚然的角色，她们挥舞着火把，身后是德鲁伊教的祭司们，他们举起手臂，大声吟诵咒语，将罗马囚犯的鲜血浇到神圣的树林中。这无疑是一种巨大的文化冲突，新时期的凯尔特神秘主义自由精神与顶着盖式短发的罗马帝国军队相对峙。这也意味着，帝国长官根本不准备处理爱西尼人内部这些微妙的邦交问题。

不出所料，布狄卡女儿们的遭遇（后来因为16世纪的一次书写错误，她的名字被写成了"Boudicea"）在爱西尼人中引起了一场巨大的叛乱,并且很快扩散到邻近的部族,周围地区都加入了布狄卡的起义事业。除了对爱西尼族统治家庭的错误处理,布列吞人还在其他许多方面对罗马人怨声载道,包括征用土地等——他们不仅要为皇帝献上钱财,还要将皇帝视为一种信仰,甚至要为这种信仰而纳税。

布狄卡以闪电之势接连夺下三座城市,其强劲的攻势实在出乎罗马人意料,以至于他们都没能来得及在卡穆洛杜努姆周围筑起防御的城墙,整座城中的居民就遭到了屠杀。最残酷的一次进攻是对伦敦旧城的进攻,伦敦原本修建于公元47年[7],现如今在这座城市之下有一层五英寸厚的红色灰烬,那是布狄卡的军队在城中纵火留下的残余,依稀像是当年的双层管道和占地约一平方公里的办公大楼,但都已腐败风化而又露出些许讽刺意味。从这次伦敦大火后残留的玻璃融化物来看,当时的温度已经接近1000摄氏度,与1945年2月在德累斯顿(Dresden)发生的爆炸事件颇为相似。

在这次事件中,科尔切斯特、伦敦和维鲁拉米[Verulamium,也就是现在的圣奥尔本(St. Alban)]地区共有7万人被烧伤、刺伤或绞死,据罗马方面的记载(显然有所夸张),没有一个人幸存。由于素来听闻的都是海峡对岸这群野蛮人的残酷行径,罗马人对他们已经形成了刻板印象,谈到他们就觉得恐怖,历史学家们反而更加关注那些侮辱女性的行为。奴隶们和蛮族们举行的起义此起彼伏,成为罗马人长期的噩梦，这些持续的反抗使他们逐渐失去了理智。

局势变得更加糟糕。布狄卡的军队继续前行，遭遇了罗马第九军团，罗马人被起义军杀得片甲不留，死亡士兵约达2000人。恐慌袭击了帝国，整个不列颠尼亚都为之胆颤，驻西南部的军团首领伯尼乌斯·波斯图姆斯（Poenius Postumuus）甚至拒绝出兵迎战起义军。

不过，不列颠尼亚行省长官手下最精英的一支军队在屠杀了德鲁伊族之后，现在已经长途行军抵达了东南部。这支由苏埃托尼乌斯率领的军队数量有限，既无法拯救伦敦，也没法挽救圣奥尔本，但在一路行军的过程中，他的军队又吸纳了许多力量，变得壮大起来，他们最后跟随叛军一路来到了惠特灵大道（Watling Street），这是连接伦敦和切斯特的罗马大道。

"我为了赢回失去的自由而战斗，为我伤痕累累的身体和出离愤怒的女儿而战斗。想想你们有多少人也站了起来，想想你们又是为了什么而战斗——这样我们就会赢得胜利，要么我们就走向死亡！这就是我，一个女人，将要做的事情！至于那些不愿起来反抗的人，就让他们如愿以偿，永远当奴隶吧！"在这一番鼓舞人心的演讲之后，布狄卡率领上千人的农民大军投入了惠特灵大道战役，并在这场战役中全军覆没。（这是罗马史学家塔西佗的记载，至于她是否真的拥有这样的口才，尚且值得怀疑。）

尽管在不列颠的罗马军才1万人左右,而布列吞人这边有23万(这些数据都不能全信),接下来的战斗完全朝着一边倒的局势发展。罗马军队在一个峡谷扎营,营地后方是一片树林,这样一来他们能够保证同一时间只能有一小支英格兰军队对他们发起攻击,这种战术类似于电影《功夫》里,所有坏人一个接一个上来挑战英雄的安排,而不是一拥而上的围攻。如果说布狄卡对自己部下的演讲如同《勇敢的心》(Brave heart)中男主所作的那番慷慨陈词,那么苏埃托尼乌斯对士兵的讲话则完全不同,他可能是用一种类似查尔斯·丹斯①的时髦口吻说道:"不必把这些野蛮人闹出来的动静放在心上,在他们的队伍中,女人的数量要远远大于男人,他们根本不是真正的士兵——他们甚至没有合适的装备。我们曾经打败过他们,当他们看到我们的武器装备,感受到我们的战意时,立马就会崩溃。"罗马人先发起了一阵短矛攻击,他们特制的矛在高速冲刺后会弯折,所以既不能二次利用也无法从盾牌中抽出来,当然,这时这张盾牌也已经报废了。

不过,英格兰方面除了装备低劣、位置不利之外,还犯下了更大的错误。布列吞人的传统之一就是将妻子和孩子带到战场旁边,让他们目睹男人们作战——这样做一定长年养

---

① 沃尔特·查尔斯·丹斯(Wolter Charles Dance),英国男演员、编剧和导演。较著名的是从2011年起,在HBO奇幻电视剧《冰与火之歌:权力的游戏》(Game of Thrones)中饰演泰温·兰尼斯特(Tywin Lannister)一角。——译者注

活了很多儿童心理学家。于是在这次战役时，出现了如同现代节假日时会发生的那种交通堵塞，村民们围观的马车堵住了士兵们试图撤退的道路，到这天傍晚的时候，已经有8万个布列吞人丧生——罗马方面仅仅损失了400名士兵。当胜利的消息传到西南地方时，怯懦不敢出兵的波斯图姆斯却做出了勇敢的举动，他一剑刺死了自己，而可怜又苍老的苏埃托尼乌斯则遭到了革职，取代他的是一位更加富有头脑和情商的官员。

布狄卡最终可能服毒自尽了，而不愿意接受削首之刑或被钉死在十字架上。传说记载，她被安葬在国王十字车站——更精确一点是在九号站台的位置——尽管有证据显示，这场战役发生在中部地区的某个地方，似乎是对之前传说的有力反驳。

幸运的是，布狄卡至今仍被铭记。关于这场叛乱的其中一份记载——塔西佗的一部不列颠史，在不久之后轶失了，直到都铎王朝时才重见天日，之后布狄卡迅速成为人们崇拜的对象。伊丽莎白一世（Elizabeth，公元1558~1603年在位）拥有威尔士血统，是一位脾气暴躁的红发女王，她在位时卷入了与西班牙的战争，显然，她需要鼓励自己的臣民去崇拜另一个激进的煽风点火之人，来对抗一群外部的拉丁人（尽管并没有记载显示，布狄卡的头发是红色的）。所以，爱西尼战士们尽管一度被历史所忘却，但他们最终再次成为不列颠人非凡勇气和独立精神的强力象征。[8]

罗马帝国被这群可怜渺小的布列吞人所掀起的叛乱动摇了，尼禄想带着军队一起逃离这座岛屿。但罗马人从来不是什么软弱的民族，他们既不会坐在远处盯着自己的鞋尖不知所措，也不屑于举行和平谈判：仅仅20年之后，他们再一次踏足加勒多尼亚（Caledonia）[①]，并在那里进行了一场近乎荒谬的战争，战局几乎呈现一边倒的局面，他们仅仅牺牲了360名战士，却屠杀了将近1万名当地居民。

罗马化

五年不到的时间里，局势已经逐渐稳定下来，罗马人撤回了一个军团。公元78年，格涅乌斯·尤里乌斯·阿格里科拉（Gnaeus Julius Agricola）成为新任行省长官，不列颠行省成了常规行省之一。他给了这里的贵族两个选择：要么喝着意大利红酒，在温泉旁悠闲地读诗，要么就只能住在简陋的小木屋里。这样，他们很快就被罗马化了。阿格里科拉显然得到了很多赞誉，不过也要考虑到，这个时期唯一的历史学家塔西佗，正巧就是他的女婿。

阿格里科拉的做法就是，确保布列吞人领袖的下一代接受罗马式教育，这样，在一个代际的时间里，许多当地人

---

① 苏格兰的别名。——译者注

都开始穿罗马样式的宽外袍,说拉丁语了。他们还修建了罗马大道,将新建的城市连通起来,林肯、切斯特和埃克塞特(Exeter)都被纳入交通网,且每个城市都有自己的市场、市政大厅、公共厕所、体育场、桑拿浴室、竞技场和神庙。

伦敦似乎在公元100年左右成为首都,尽管早在公元元年前后,大伦敦地区就已经形成了聚落群。伦敦城落成之后,迅速吸引了一大批商人,后来又发现了英格兰历史上第一份法律文件,正是这个时期的产物,这意味着到1世纪末,已经有部分律师居住于此。伦敦的广场(集市)是他们引以为豪的地方,城市总人口最多时达到6万人,这还是在公元125年遭遇了一场意外大火灾之后(大火灾在木质建筑的罗马城市中时有发生,圣奥尔本市在30年后也经历了一起火灾)。林度姆市(Lindum),或称林肯市建于公元90年,格洛乌姆(Glevum),或称格洛斯特(Gloucester)建立于公元96年左右,最初是作为罗马退役士兵的聚居村落而修建的。这座城市之所以能兴起,跟布狄卡领导的叛乱直接相关——为了避免与布列吞人产生争议,罗马人只好在从海上收复的土地上建造屋舍。

在罗马帝国统治期间,不列颠的人口增加到了约300万,在接下来的一千年里这里的人口也未曾达到过这样的水平,而且这时的不列颠人口有着非凡的多样性。在伦敦、林肯和卡莱尔(Carlisle),都居住着希腊人;在科尔切斯特有卡拉顿人（Caledonian）；在巴斯、林肯和赛伦塞斯特（Cirencester），都有高卢人；在蒙默斯郡（Monmouthshire）有日耳曼人；在约克住着撒丁人（Sardinian）。

由于不列颠岛位于帝国版图的边缘，因此比别的行省需要更多的常备军驻守，这里的驻扎军队数量达到5万人之多，而且大部分都在北部地区。北部军中，约有1万兵力驻屯在著名的罗马长城，这座长城得名于皇帝哈德良（Hadrianus，公元117~138年在位），他另一件为人所知的事迹就是将希腊式的大胡子和希腊人对性爱的观念引入了罗马［他公开与自己的情人安提诺乌斯（Antonius）生活在一起，安提诺乌斯拥有健美的身材，许多关于他的雕像记录了这一点］。公元122年，哈德良皇帝下达命令，将要建造一项加强帝国边界安全保障的工程，不列颠北部需要的不仅仅是一些象征边界的旗帜和一位冷酷的海关官员。

哈德良长城竣工后总长达80英里，城墙8英尺①宽，15英尺高，每15英里设一个堡垒，城墙两边都设有壕沟。修建它并不仅仅是为了抵御加勒多尼亚的蛮族皮克特人，也是为了将两个经常闹事的不列颠民族分割开来——布里甘特人被划在了长城南部，塞尔哥维人（Selgovae）则在北部。此前每当有叛乱的消息传到帝国首都时，总会有这两个部族中的一个或二者同时名列其中，所以罗马人决定将他们隔绝开来，如

---

① 1英尺≈0.3米。——编者注

同对付班中淘气的学生一样。

不过北境的部落成员仍在制造麻烦。公元180年,加勒多尼亚人进犯不列颠,并杀死了罗马军事长官。候补的罗马将领皮乌斯·马塞卢斯(Ulpius Marcellus)成功击退了皮克特人,却遭到了自己部下发起的叛乱,差点在这场叛乱中被暴打致死,不过最后他幸运地逃了出来。这场叛乱的起因是士兵们不满他严苛的军令。当时在位的罗马皇帝康茂德(Commodus,公元180~192年在位)与这场击退蛮族的胜利并无多大干系,不过他为自己改名布列塔尼库斯(Britannicus),抢走了一些名声。在马塞卢斯逃回罗马以后,他的士兵继续叛乱,反抗继任者佩蒂纳克斯(Pertinax)。叛乱最终被镇压,佩蒂纳克斯返回了罗马,并于193年谋杀皇帝康茂德,成功篡位,但不久后他也遭到谋杀。[9]政治真是风云诡谲。

到这个时期,罗马军队的质量似乎已经开始下降——关于哈德良长城的调查显示,尽管军中提供热水浴室、厕所、医院和品种丰富的食物,但大部分时候有一半的士兵缺勤或请了病假。罗马人开始雇用外国人来保卫帝国安全,包括约5500名萨尔马提亚(Sarmatia)骑兵——他们是从现在的俄罗斯土地被引入的,以及更加具有不详预兆的是,他们还从日耳曼雇用了萨克森人。

不列颠行省的军队如此庞大,使得这里的行政长官成为罗马执政者的一大忧患。罗马皇帝图密善（Domitian，公元81~96年在位）似乎有妄想症，他将不列颠行省长官萨鲁斯特·卢库卢斯（Sallustius Lucullus）处死，就因为这位长官以自己的名字为一柄长矛命名。这也并不全然是无理的命令，毕竟很多不列颠的长官的确制造了不少麻烦。君士坦丁一世（Constantinus，公元306~337年在位）在就任"奥古斯都"期间，也就是代理皇帝时，率兵进犯伦敦，并将其改名为"奥古斯塔"（Augusta）以彰功绩——这是以自己的称号为伦敦命名了。10年后他于约克市去世，他的儿子君士坦丁二世（公元337~340年在位）宣布继位，并以强硬手段控制了整个罗马帝国。

与文明程度高、平原肥沃的南部相比，不列颠北部的气质完全不同，罗马人甚至用了两个不同的单词来定义它们——他们管不列颠南部叫"Britanni"，显得更为被动，而问题层出不穷的北部则被称为"Brittones"。到帝国末期，不列颠尼亚行省的上流社会，即不列颠南部，罗马化的程度已经非常高了。这里的本土居民已经习惯用罗马进口的橄榄油，吃地中海产的水果和蔬菜，以及新出的一些产物，如豌豆、芜菁、卷心菜和防风草，他们的花园里种满了典型的英格兰花朵——玫瑰。大部分不列颠南部的居民在日常生活中肯定都是使用拉丁语的，而北部居民则保留了他们原来的语言。罗马人还向不列颠输入了苹果——将英格兰南部变成了一座巨大的苹果园，还将家养的猫带到此地；同时，不列颠也向罗马输出了他们著名的"恶犬"。

不列颠南部的信仰也开始罗马化，常见的表现就是他们将自己的原始神祇与拉丁文化中的神祇结合起来。罗马人与希腊人一样，信奉具有人性的"神"——他们的行为可以类似被惯坏的花花公子；而凯尔特人信奉的是"自然神"——通常是树木、河流或者"精灵"一类。不过在帝国主义者看来，接受外国的宗教总是非常容易的，只需要团结别人的神明，将他们的神嫁接到自己的"神明"身上就可以了。

这种信仰融合的例子在不列颠各地埋藏的雕像中处处可见。罗马时期以前的凯尔特人习惯将敌人的头颅作为祭祀用的供奉，而罗马人则更喜欢用象征了生殖力的部位。这两者偶然组合形成的半身像即使在最前卫的人眼中也实在不算好看。

布列吞人的确吸取了罗马宗教的某些做法，比如将咒语写在陶器碎片上，再放进圣坛里——这些记载了咒语的碎片很多都已经被重新挖掘出来，经鉴别，大部分内容是请求惩罚说谎的妻子或盗贼。

罗马帝国的稳定保证了基督教信徒的贸易和旅行安全，让他们得以在地中海及其以外的地区传教，到公元200年，基督教已经在不列颠岛站稳了脚跟。不列颠本土的第一位殉道者圣奥尔本去世于公元304年左右，他收留了一位教士，为他的勇敢而深受鼓舞，从而选择了反抗旧教，为基督教献身。尽管他如此勇敢，但如果他能多坚持9年时间，就不必做出这样的牺牲了，因为9年之后基督教就成了合法宗教，当然，如果是这样，他也就不能在赫特福德郡（Hertfordshire）拥有一座以他的名字命名的枢纽城市了。

公元313年，君士坦丁大帝率军亲征，他的盾牌上有基督教的十字架标记，他也允许自己的臣民自由地选择信仰。

公元391年，皇帝狄奥多西一世（Theodosius，公元379~395年在位）下令关闭所有非基督教的神庙，并砸毁了这些地方供奉的神像。

至此，西罗马帝国进入了最终的衰亡期。从公元244年开始，在40年时间里共出现了55位皇帝，通货膨胀远远超出可控范围，各处军阀为争夺皇位混战不断，经常引起国内局势剧烈动荡。海盗也在这时开始频繁袭击不列颠岛，令人烦恼的是，海盗还时常和大陆的蛮族部落联手，他们显然也察觉到了帝国实力大不如前。公元367年，爱尔兰人和萨克森人分别同时从东西两个方向对不列颠发起进攻，或许这是历史上盎格鲁人和爱尔兰人第一次合作行动。爱尔兰的高地之王——拥有9名人质的奈尔（Niall of the Nine Hostages），在40年后发起了一场更加空前的征服行动。[10]

考古证据同样显示，那时的英格兰时局惨淡。布里斯托的金斯韦斯顿城（King's Weston）在367年毁于战火，不过，这里最后一个居民是又过了一段时间才死去的——这个男人高约五英尺，50来岁，被人一剑从侧面砍死。

还有另一具骸骨在一所庄园的遗迹中被发现，显示出了这个人跌宕起伏的一生。一方面，这个男人的指甲是精心修剪过的，表明他有一定的礼仪教养；另一方面，他是被棍棒殴打致死的，身上还有绞刑的痕迹，而且他的喉咙也被割断了，这足以证明他生活的社会发生了一些矛盾。378年，罗马人在阿德里安波尔（Adrianopole）遭遇了第一场重大失利，他们的对手是哥特人。自此开启了罗马帝国灭亡的序幕：从那一年开始，银币变得稀缺，到430年，货币交易被废弃，人们回到了以物易物的时代。陶器生产终止于410年，不久之后，所谓的"黑暗年代"真正降临了。

Saxons vs. Vikings

第3章

盎格鲁-撒克逊入侵

Alfred the Great and England in the Dark Ages

征服的传说

很多出现在盎格鲁-撒克逊人入侵时期的人物都是神话虚构的。据传说，萨克森首领艾尔（Elle）在公元470年左右来到苏塞克斯地区（Sussex），30年后瑟迪克到达了韦塞克斯，他们共同将原住民布列吞人驱逐了出去。根据《编年史》记载，艾尔击败了当地土著部落赫斯塔部（Hesta），这个部族一直延续到了黑斯廷斯战役时期。另一位萨克森领袖波特（Port）于公元501年抵达不列颠，"他与两个儿子比达（Bieda）和玛格拉（Maegla）一起，乘两艘大船，抵达了朴茨茅斯（Portsmouth），杀死了一名不列颠贵族青年"。[1] 有人认为波特正是朴茨茅斯得名的由来，但这个解释似乎过于复杂了，还不如从字义上解释比较通俗——即"港口开合之地"（mouth of port）。

577年，萨克森人占领了赛汶河（Severn）河口，完成了此次征服行动，将不列颠岛的土地一分为二。布列吞人现在拥有威尔士、西威尔士（如英格兰西南部被称为韦塞克斯一样）以及坎布里亚（Cumbria）——这个名称与威尔士语中的"Cymru"（意为威尔士）有关，这里直到很久以后才被盎格鲁人征服。

不列颠的情形正是整个西欧局势的写照。在欧洲大陆，萨克森人入侵了日耳曼中部地区，到了现在的萨克森自由州（Saxony）；弗里斯兰人（Frisians）在如今的荷兰与德国边界占领了一片区域；法兰克人统治了罗马的高卢省北部，他们采用了当地的拉丁方言，发展成后来的法语；西班牙和意大利地区的隆巴德人（Lombards）最终也被罗马化了，很可能是因为罗马制度体系在这些省份都已经根深蒂固了。与之形成对比的是，盎格鲁-撒克逊人却没怎么被罗马化，原因可能在于，虽然生活在南部低地地区的布列吞人已经开始说拉丁语，北方人却仍旧说布列吞语，这两种语言都没能强大到动摇古英语地位的地步。

关于那时抵达英格兰的盎格鲁-撒克逊人究竟有多少，在学术界一直是一个引起巨大争论的问题，除此之外的争论点还有：他们是否将大部分原住民都驱逐出去了，以及是否只有一小部分盎格鲁-撒克逊人与当地人通婚了（"结婚"在这里可能只是一种委婉的说法——那可不是一个充满浪漫爱情故事的年代）。一部分人认为，来到不列颠的盎格鲁-撒克逊人数量不多，可能少到在总人口中只占5%而已。另一项研究则声称，1/3的英格兰人DNA中有盎格鲁-撒克逊血统，在英格兰东部地区甚至比例更高。[2]一项对男性染色体的调查研究显示，西部地区的英格兰人与挪威人的血缘关系更为亲近，其相近程度要高于与他们相距不到100英里的威尔士人，而在此前超过一千年时间里，并没有发生过维京人侵袭的事件。不过，更让人感到疑惑的是，还有一种理论称，盎格鲁人和撒克逊人可能本来就生活在不列颠，至少是早于罗马人的，而且在罗马帝国统治不列颠期间，英格兰东部就已经开始说日耳曼语了（也许布狄卡拥有金色的头发）。而DNA研究也明确显示，盎格鲁-撒克逊人是跨越北海经历千年时间陆续来到这里的，所以这个理论也不是没有可能。

显然，在撒克逊人征服英格兰、他们的后辈最终采用古英语作为自己的语言之前，大部分原住民仍是生活在这里的。韦塞克斯国王伊内（Ine）在7世纪时发布的法律就表明，布列吞人可以在自己的村庄里平静地生活，只要他们安守本分。至少有一处考古学发现证明，在一条河流沿岸，一个撒克逊聚落与对岸的一个布列吞聚落曾经同时存在。至公元700年，在东安格利亚仍有说布列吞语的居民，而直到10世纪，布列吞人在埃克塞特仍保有自己的居住区，被称为布列塔尼，多年之后还存在。

布列吞人对外来者入侵的抵抗在史诗中皆有记载，通常都是些浪漫而莽撞的军事行动，最终都只能以惨败收场。安奈林（Aneirin）是7世纪时生活在如今的坎布里亚地区的诗人，他曾写过一首关于布列吞-撒克逊战争的诗歌，名为《高多汀》(γ Gododdin)。这首诗记载了一个叫高多汀的布列吞部族消失的过程，他们是公元600年左右生活在约克郡北部的土著居民，加入了抵抗盎格鲁人的战斗。布列吞人的领导者是名字极难发音的迈恩道格·迈恩法尔（Mynyddog Mwynfawr），在这场并不怎么成功的反抗斗争中，他几乎让自己所有的士兵都战死沙场。

  这场战争总共持续了将近一个世纪。公元700年前后，在一位名叫内尼厄斯（Nennius）的布列吞僧侣留下的记载中，第一次出现了布列吞人方面的胜利。一名布列吞领袖率领部下终结了之前的连败，取得了12场战役的胜利，不过最终仍是不可避免地迎来了一场虽败犹荣的战斗，并壮烈牺牲了——这场战役就是发生在515年到537年的剑栏之战（the Battle of Camlann）。后来这场战役成为世界上最负盛名的传奇之一，尽管关于这个英雄的故事在一百多年后才被书写成章，尽管后来的记录者中不乏一些著名的骗子，但他的传奇故事仍然激励着许许多多探险者在西部孜孜不倦地寻找，期望有一天能发现他的城堡。这个男人的名字就是亚瑟，有传说甚至讲到，这位布列吞之王并未死去，而只是沉睡了，在不列颠需要他的时候，他自会醒来。所以，这个故事可信吗？

不。

在所有关于亚瑟的传说中——石中剑、圆桌骑士、卡米洛特（Camelot）、湖畔美人，还有梅林（Merlin）——可能唯——点真实的历史就是的确存在过一个叫亚瑟的人，或许更可能叫阿托里乌斯（Artorious）或者安布罗斯·奥雷连（Ambrosius Aurelianus）[3]，他与撒克逊人或许的确进行过一两次战斗。大部分的英格兰传奇故事都来自蒙默斯的杰弗里（Geoffrey of Monmouth），他是一位生活在12世纪的历史学家，是个想象力丰富的人。杰弗里对那些乏味的历史学方法毫无兴趣，比如运用原始材料、列举史实、利用考古发现等，他更喜欢只做精彩的叙述，在故事中加上几个美女、发疯的女巫和"精灵"等素材来烘托气氛。他还在书中写到，威尔士人是在自己的古城特洛伊被希腊人摧毁之后才来到不列颠的，而在这之前，不列颠的原住民是巨人族。所以，对这位历史学家记叙的事情，我们可不敢完全相信。回到关于亚瑟的故事上来，杰弗里称自己所知的细节都来自"一本确证年代非常古老的书籍"，他是在牛津发现这本书的，但他从未明言这是哪本书。不过，他讲述的故事非常精彩，在整个大陆都脍炙人口。之后，亚瑟的传说又被狮心王理查（Richard the Lionheart，即理查一世，公元1189~1199年在位）充满讽刺性地美化加工了——他在一次花费不菲的十字军东征出发前，宣称自己奇迹般地发现了亚瑟及其妻子吉尼维尔(Guinevere)的遗体,地点就在格拉斯顿堡(Glastonbury Abbey),同时发现的还有亚瑟的宝剑。

不过,这个时代仍是知识相当匮乏的。比如当时唯一一部关于威尔士的记载《威尔士编年史》(*Annals of Wales*)中,447年这一整年只有一条记录:"天空阴沉如同黑夜",这根本给不了我们多少可以研究的信息。[4]这部编年史大概可以追溯到10世纪,但也可能要稍晚一些,这里总共提到了亚瑟的12次战役。第12场战役发生在巴顿山(Badon Hill),根据威尔士历史学家内尼厄斯的记载,亚瑟声称自己独自杀死的敌人就达到了960人,这实在是个非凡的壮举,尤其是考虑到他在完成这一切的时候还带着与实物一样大小的"十字架"——只能称其为异于常规的策略了。诗中还说道,这场战役中的其他人都没有完成任何击杀,全都是亚瑟杀的,撒克逊人一个接一个地来到他跟前。

关于亚瑟的传奇故事在英格兰偏远的山地地区流传,这些地区的人们说古英语,1113年一些法兰西人来到康沃尔,他们听说亚瑟王的故事之后笑了起来,结果被当地人扔了满脸的蔬菜。到了13世纪,亚瑟的形象演变成了亚利马太的约瑟(Joseph of Arimathea),一路前行来到了不列颠。

直到今天,真正的"卡米洛特"(指亚瑟王部队抵抗撒克逊入侵者时的根据地)位于何处仍然是个谜。尽管康沃尔郡或者萨默塞特郡(Somerset)的吉百利山(Cadbury Hill)

都是可能的备选项，不过在威尔士和英格兰西北部地区还有很多可能的地址，苏格兰边界地区也同样有可能。不管具体位置在哪里，它都绝对不可能是亚瑟王传奇中所描述的那种宏伟的中世纪城堡——这类传说在15世纪最为流行，因此所描述的城堡样式也是基于那个时代的建筑特征。真正的卡米洛特可能不过是由一些马拉的车架和阴沟组成的，而如果吉尼维尔在历史上确有其人，她也可能只是和黑暗中世纪里的某个老太婆一样，牙齿疏落、穿着破烂，而不太可能如同一个美丽的中世纪公主，戴着圆锥形的帽子，拥有一头飘逸顺滑的秀发。

不过，被认定为亚瑟之敌人的撒克逊国王瑟迪克及其子辛瑞克（Cynric），都是历史上确有记载的，至少有一半是基于历史真实的，而他们的后辈则建立了韦塞克斯家族，成为了如今英国王室的先祖。

"黑暗年代"

尽管一些历史学家不喜欢这个词语，但西罗马帝国灭亡之后的这段历史时期仍然普遍被称为"黑暗年代"，原因是这个时代留存的史料太过稀少。关于英格兰的最早书写材料可以追溯到公元450年，是一段刻在石头上的古如尼文字："这头母狼奖励给我的族人。"不过在接下来的两个世纪则没有任何材料流传下来。

盎格鲁-撒克逊人用来表达"长矛"的单词有8个，表达"战争"的有12个，表达"英雄"的有36个，不过在罗马人到来之前，他们没有"桌子""枕头"和"街道"的概念。从这个时代开始算起，英格兰社会一度有所发展，不过很难说它有什么繁荣复兴的征兆。这时的人们使用的语言也还没有出现将来时，也就是说他们还缺乏一种展望未来的理想。

新来的移民们带来了燕麦、黑麦、大麦的种子，其中最重要的就是大麦，也就是他们所说的"六棱大麦"（bere），其消费需求十分庞大。他们的食物有白面包、蔬菜和蜂蜜，圈养的牲畜有牛、羊和猪，不过他们最偏爱的还是马，正如各种岩石上的粉笔画所展现的那样。

盎格鲁-撒克逊人所使用的日历能够显示，他们和欧洲大陆的民族有多么亲近的联系。二月是"泥土月"（Solmonath，the month of dirt），"在这个月中英格兰人向他们的神明供奉蛋糕"；四月是"复活节月"（Eosturmonath，easter month），这是春之女神的月份，那时的人们要向这位女神献上不菲的供奉；十月是"冬天的满月"（Winterfileth，winter full moon）；之后的十一月是"血腥之月"（Blotmonath，blood month），家畜要在这个月被宰杀。[5]

对当时的社会成员来说，社会角色的种类很有限——这是委婉的说法。一个人要么是战士，要么是农民或者奴隶，

10%~25%的人是不自由的,比例依地区不同而有所差异(西部地区更贫困,拥有人身自由的人也相对更少)。奴隶们大多数是原住民布列吞人,他们最终渐渐融入了盎格鲁-撒克逊社会,尽管所用的方式并不十分浪漫。

古英语中甚至有这样一个词:"cyrelif",指的是那些自己选择成为奴隶的人——他们这样选择的原因往往都是负债过重,生活境遇太糟糕了。[6]在奴隶之上的是"coerls",指的是自由农民,对他们而言生活也不会太有乐趣(有一个单词是"churlish",意为粗野无礼的,就是从"coerls"衍生而来的)。很早很早的时候,阶级差距就已经出现了,僧侣比德(Bede)在678年的一场战役后记录到,一位叫伊马(Imma)的贵族被俘虏了,由于那时的贵族囚犯都要被杀死或沦为奴隶,于是他假装自己只是个农民(尽管我们不知道他究竟是怎么与人沟通的),但不久后仍因为"自己的容貌、衣着和言谈"而被拆穿了,最终还是被卖为奴隶。

生活对那时的每一个人而言都很严峻。在肯特郡的巴克兰墓地(Buckland Cemetery),公元480年到750年间的遗体显示,这段时期内20%的人活不过18岁,只有6%的人活到了60岁,"幸运存世的人普遍牙口不好,关节各处损伤严重,身上有难以痊愈的骨折,还有各种地方病,比如肺结核等"。[7]分娩是一件风险极大的事情,而且,尽管上层阶级的妇女在分娩中丧生的可能性要稍微低一点,但上层阶级的男性却更容易在斗争中死去。

虽然"黑暗年代"这个词是用来指涉这个时期的文化遗产屈指可数,不过这个时期也的确是非常黑暗可怕的。首先一点,发生在公元536年的一场大型火山爆发就导致了十年无夏,以及欧洲范围内广泛的饥荒。同样造成毁灭性影响的还有查士丁尼大瘟疫(Justinian Plague)——这场瘟疫的名字来自当时在位的拜占庭皇帝。总而言之,这绝对不是个生活舒适的好时代。

与这个时代的其他社会一样,盎格鲁-撒克逊社会的等级制度也建立在忠诚和奖赏的基础之上。封臣必须对自己的领主(lord)效忠,领主一词源于"loafward",字面意思是"给予面包的人",通常指所耕耘的田地的主人。在日耳曼的血亲概念中,个人必须效忠于家族族长,不管是哪个层级都是如此:孩子要服从父亲,父亲服从大家族之主,再往上就是地方贵族首领。下级需服务上级,上级要对下级提供保护和经济支撑,这种上下级之间的双向义务成了社会紧密联系的纽带。

封臣需向领主提供服务,作为回应,领主需向自己的封臣提供经济支持。有一首盎格鲁-撒克逊的诗歌题为《漫游者》(*The Wanderer*),见于10世纪左右的记载中,不过很多人认为它的形成时间可能更早,约在7世纪就出现了。它的主要内容是一名流放的犯人对前主人说的话,情景是他这位"提供金钱的朋友"正坐在"生来就有的王座上"。在史诗《贝奥武夫》(*Beowulf*)中,赫罗斯佳(Hrothgar)的妻子曾经这样提起过他:"接下这杯酒,我亲爱的主人,我的财富之源,人们的金主。"

"天使"

在阿尔弗雷德大帝的一生中,不论他的身份特征、他倡导的改革,还是在他所领导的抵抗异教徒维京人的斗争中,基督教都占有核心的地位。尽管丹麦人的确是一个不同的民族,但他们得以和英格兰人区分的最主要标志仍是宗教信仰。有一些在丹麦统治下的撒克逊人改信了基督教以外的宗教,因此他们成为丹麦人,而皈依基督教的维京人则不再被视为维京人。这就是为什么基督教的统治者总是试图让臣民接受洗礼,尽管丹麦人很明显只是假装接受了基督教。不过,阿尔弗雷德的王国信奉基督教的时间仅仅持续了两个世纪,而且他们将自己皈依基督教的过程归功于一群意大利传教士。

早期的盎格鲁-撒克逊人相信,他们死后会去往瓦尔哈拉(Valhalla)[8],这个地方似乎比基督教观念中的天堂要暴力残酷得多,为此他们甚至让自己的孩子们陪葬,以便将生前使用的剑捎给自己。不过除了暴力以外,瓦尔哈拉还有一些其他的活动：在索森德（Southend）附近的普利特维尔（Prittlewell）曾经发现过一个此时期的墓葬，墓葬中有剑、盾牌、长矛、扎营工具、两盏酒器、一把弦琴，以及一些骰子。

他们那时崇拜北欧诸神，其中有战争女神弗雷娅（Freya），她驾驶着由两只猫拉的战车；弗雷娅的哥哥弗雷（Freyr）是和平之神，另外四个神留下的遗产则更加长久，他们是提乌（Tiw）、沃登（Woden）、托尔（Thor）和弗里格（Frige），英文单词中的周二（Tuesday）至周五（Friday）就是根据他们的名字命名的［周六（Saturday）则保留拉丁文的写法］。9

北欧旧教可能的确有其非常黑暗的一面。8世纪的僧侣比德在著作中写到，古时的人们可能向春之女神约斯特里（Eostre）供奉人牲，约斯特里掌管黎明和生育，名字的来源是"太阳升起于东方"（the sun rises in the east）。约斯特里到底是不是真正的北欧诸神之一，仍是一个争论中的问题，我们仅仅能从比德那里得到一些依据。不过她的名字在"复活节"（Easter）这个词中留存了下来，世界上有很多地方都存在这样的传统：在春天的时候献祭人牲，以满足那些残忍而小气的、掌管农作物的神。

而在瓦尔哈拉，享有特权的是铁匠韦兰（Weland the Smith）——北欧的铁器之神，类似希腊神话中的火与工匠之神伏尔甘（Vulcan），而且他们都身患残疾，唯一的区别在于，韦兰的双腿是一位强行让他效忠的国王下令致残的。然后韦兰就杀死了这个国王的儿子，并污辱了他的女儿。如果说人们在构建神的时候是以自己的形象为原型的话，那么这个神话并不能告诉我们多少关于盎格鲁-撒克逊人在职业方面的信息。

北欧诸神整日忙于战争和酗酒，他们一定没有预料到，自己作为信仰的日子就快完结了，代替他们的将是犹太人的"神"，这个"新神"彬彬有礼、头脑精明、饱读诗书，还有一位多产的母亲。到6世纪晚期，罗马城已经由一个曾经容纳百万人口的繁华都市衰败成了只有几千人的废都，时刻面临着接连不断的外族入侵威胁，甚至连最基本的城市管道系统也已经被破坏得不堪一用。不过，城内仍有两个系统仍在发挥作用：基督教堂和奴隶市场。教皇格里高利一世（Gregory Ⅰ，公元590~604年在位）在位时，罗马教廷实际上取得了这座城市所剩不多的权力，将罗马城变成了西部基督教的首府（君士坦丁堡同样声称是基督教的唯一领袖，最终这两个教廷在教会大分裂时一分为二）。格里高利一世是一位伟大的改革家，他让教会走出了黑暗时代，尽管他也显得有些独裁。有一次，格里高利一世的修道院中有一位僧侣忏悔自己曾经偷过钱，格里高利随即宣判他独自结束生命，并将他的遗体投到垃圾堆里，作为对他罪孽的惩罚。

6世纪70年代的某一天，这时格里高利一世还没有成为主教,他在市场上随便走走,突然发现了一对在售的金发奴隶男孩儿,他们都不信仰基督。格里高利一世认为,看起来这么天真的小孩竟然不知道"上帝"的存在,实在是太不幸了,于是他询问奴隶贩子他们从哪里来,得到的回答是:"他们是盎格鲁人(Anglii)。"格里高利一世很喜欢在说话时使用双关,他回答说:"不是盎格鲁人(Angles),而是天使(angels)。"这个文字游戏直到14世纪后期还在流传。格里高利不满足于这个笼统的答案,继续追问这两个小男孩具体从哪个地方来的,得到的回答是他们来自"德拉"(Deira,就是如今的约克郡)。"不。"他继续开着玩笑,可能还笑了笑,并说那个地方叫"de ira"——意为"被保佑的"。格里高利一世对自己说的双关语记忆很深,他决定,要让盎格鲁人和撒克逊人看到真正的出路。(后来这个故事继续被润色,加上了另外一个细节,讲到教皇还双关了德拉国王的名字,国王名为艾尔,格里高利一世便说,如果他的国民都皈依了基督教,那他一定会高唱"哈利路亚",不过这些细节的真实性都有待考察:毕竟,真的有人能接连说出关于黑暗年代英格兰的双关话语吗?)盎格鲁-撒克逊人非常喜欢玩弄文字游戏,这在他们存世的文学作品中得到清晰的显现。不过,关于格里高利一世究竟是否说了这些话,我们可能还需谨慎对待。

格里高利一世指派了一名西西里的修道院院长前往肯特

郡传教，这名院长叫奥古斯丁（Augustine）。他原本在罗马过着自己的生活，突然间得知自己将要去往一座偏远寒冷的小岛，岛上都是野蛮暴戾的外族人，心情如何可想而知。最开始他的确半途就退缩了，他将随从部队留在高卢南部，自己独自回到罗马，请求格里高利一世收回指派。据说在这时，奥古斯丁做了一个梦，梦中圣徒彼得向他传递了一些信息，大意是如果他不继续这项事业，那么他死后将不再需要温暖的衣服。①

后末世时代的不列颠对于教士们而言似乎是个不可想象的地方，去那里传教无疑是一份艰苦的差事。即使如此，在6世纪的不列颠——这个充满苦难且不开化的国度，肯特仍然是最有可能接受传教的地方。肯特是最接近高卢的地区，在5世纪时曾受法兰克人统治，不过基本上保留了罗马机构和罗马文化。法兰克国王克洛维（Clovis）在一个世纪前因妻子的不断施压而皈依了基督教，接着，不列颠的人民就开始模仿海峡对岸民族的流行趋势，正如今天的英格兰人所做的一样。

不列颠的蛮族分成不同的部族，各自有不同的首领，他们的首领叫"cyning"，最终发展成为现代版的"国王"（king）一词。最开始英格兰有至少12个小王国，还有各种小一些的族群。到了奥古斯丁的时代，经过一系列兼并战

---

① 意为进入地狱遭受火焰炙烤。——译者注

争,王国数量下降到8个——分别是肯特、苏塞克斯、埃塞克斯、韦塞克斯(西部地区和泰晤士河谷)、东安格利亚、麦西亚(米德兰兹)、伯尼西亚(Bernicia,北部以北地区)和德拉(约克郡地区)。其他的一些早期的微型王国,如林赛(Lindsay,也就是今天的林肯郡)和海斯[Hwicce,即今天的格洛斯特郡或伍斯特郡(Worcestershire)],我们对它们知之甚少,只有一张指涉不详的国王名单,上面写着诸如埃塞尔维尔德(Ethelweard)或是埃塞尔赫德(Ethelherd)之类的名字。当伯尼西亚和德拉逐渐融合形成诺森布里亚时,七国格局(Heptarchy)就正式形成了,字面意思就是"七王国",这是中世纪英格兰的历史给予《权力的游戏》一书的灵感之一,当然还包括此时无尽的征战。

公元597年,当奥古斯丁跋山涉水来到英格兰时,肯特正处在国王埃塞尔伯特(Ethelbert)的统治下。他是亨格斯特的曾曾孙,有时我们称呼他为"英格兰共主"(bretwalda)——这个词是稍后出现的,我们将它翻译为"广阔范围内的统治者",不过后来就衍生为"不列颠统治者"的意思,指不列颠岛最强的统治者。

肯特国王迎娶了一位意志坚定的法兰克公主,名为贝尔莎(Bertha),这对奥古斯丁是个好消息,因为贝尔莎是基督教徒。她答应嫁给埃塞尔伯特的唯一条件是,允许她能在英格兰继续信奉自己的宗教——她是如此虔诚,甚至有一个专门的私人主教。

贝尔莎说服了自己的丈夫与教皇使节团进行谈话，这次谈话证明异教徒的疑心是非常大的。最初，国王让奥古斯丁待在萨尼特岛——这座小岛曾是海边的一个度假胜地，现在有些破败了，不过在那时它还未与不列颠岛相连，是座孤立的小岛。国王深深地怀疑这位意大利教士会用巫术迷惑自己，即使在同意会见他之后，也将地点定在一棵橡树下——橡树在古代英格兰人看来具有神奇的特性，能够压制外来者的巫术。（在整个欧洲文化中，橡树都与神秘主义有密切关系，它被视为树木之王，沃登、宙斯、朱庇特，还有其他所有的希腊男性神明，都有着与橡树有关的故事。）

据史书记载，埃塞尔伯特在被妻子说服之后，允许奥古斯丁为一万名肯特王国的民众进行洗礼。（这恐怕是个极度夸大了的数据，在中世纪历史中，一万是经常被用到的一个数字，通常只是表示"很多很多人"。就我们知道的而言，接受洗礼的可能只有四个人。）

尽管埃塞尔伯特本人拒绝皈依，并且态度十分坚决，但他允许教士们在王国首都坎特伯雷定居，最后这里成为英格兰教会的首府。埃塞尔伯特告诉奥古斯丁："你的言语和许诺都非常美好，但对我们而言实在是太新颖、太奇怪了，我没法抛弃整个英格兰民族多年以来的信仰而接受它们。"这个理由在贝尔莎看来并不充分，最终在597年，埃塞尔伯特同意受洗，并于同年底成为英格兰历史上第一位大主教（这个头衔后来发展为坎特伯雷大主教）。

在圣奥古斯丁之后，许许多多传教团来到了不列颠，他们来自南欧、北非等地，在不列颠岛的各个地方传播教义，同时也教授拉丁语、希腊语、艺术和文学。与其一同到来的还有罗马文明的其他部分，在其影响下，埃塞尔伯特发行了英格兰最古老的硬币，他也是第一位颁布法典的盎格鲁-撒克逊国王——这成为了后来阿尔弗雷德王权建设的核心，埃塞尔伯特就是他效仿的源头。埃塞尔伯特的法典可能受到了法兰克人的影响，因为他的姻亲法兰克人此时也做了同样的事。埃塞尔伯特颁布的法典不仅是第一部成文的英语文献，而且是罗马帝国衰亡以后欧洲第一部用本土语言写就的法典，也是第一部日耳曼语的法典。

第一部英语写成的法典处理了偷盗教会财物相关的罪行，可能是因为它主要由教会人员撰写，那时只有他们拥有读写能力。这也预示着教会将获得更多的权力。在埃塞尔伯特的曾曾孙维特雷德（Wihtred，公元690~725年在位）制定的法律下，一个主教的仆役享受与国王的仆役相同的保护，教会免于税收，而"为魔鬼献身"则会被处以罚款。维特雷德的法律还规定，酩酊大醉而无法做弥撒的教士将被罚款，由此可知，这样的情况在当时可能并不罕见。

奇怪的是，虽然女性运动在那时刚刚兴起，埃塞尔伯特却积极颁布法律，准许女性在有正当理由的前提下与丈夫离婚。

但当埃塞尔伯特去世时，奥古斯丁的著作都化为了灰烬。埃塞尔伯特愚笨的儿子埃德巴德（Eadbald）继位，主张复兴旧教，甚至迎娶了自己的继母（基督教义并不支持这种家庭伦理，尽管从经济的角度而言这么做是有利的，因为保护了所有的遗产不被分割）。英格兰的两位主教——伦敦主教默利图斯（Mellitus）和罗切斯特（Rochester）主教贾斯特斯（Justus）——都逃往法兰克，但另一位主教劳伦斯（Lawrence）坚守在自己的岗位上。幸运的是，劳伦斯成功地说服新皇帝回归正轨，他使国王相信，正是由于国王放弃了信仰，才导致了使徒圣彼得袭击了自己。埃德巴德担心朋友的安全，抛弃了自己的妻子兼继母，同时自己也疯了，一位修士兴高采烈地记录道。

奥古斯丁与布列吞人相处并不十分愉快。当布列吞人在几年之后集体拜访他时，他都没从椅子上起身，于是被认为是骄傲的表现[10]；结果，在凯尔特人和英格兰教会之间产生了很大的争端，直到诺森布里亚国王野蛮王埃塞尔弗里斯（Ethelfrith the Ferocious）杀死了大批僧侣，双方矛盾才得到了某种程度的解决。

埃塞尔伯特的妹妹嫁给了埃塞克斯国王，埃克塞斯是七王国中实力最弱的国家，他们的儿子在登上王位后允许基督教徒在埃塞克斯的首都伦敦威克定居，基督徒们在这里为圣保罗修建了一座教堂。同时，埃塞尔伯特的女儿埃塞尔博佳（Ethelberga）嫁给了诺森布里亚国王艾德温（Eduin），后者对基督教产生了浓厚的兴趣，推动了基督教在全英格兰的发展。

第4章

vs.

盎格鲁-撒克逊文化起源

Alfred the Great and England
in the Dark Ages

战争泥潭

1939年,考古学家在萨福克的萨顿胡(Sutton Hoo)发现了一处遗迹,成为英国考古史上最重大的发现之一。这个地区有许多历经风霜的土丘,明显是古人堆砌而成的,一直以来都有传言说这些土丘与古代国王有关。生活在16世纪的约翰·迪(John Dee)是伊丽莎白一世的顾问大臣兼巫师,他就居住在萨顿胡地区,还曾试图在这一带进行挖掘。一个世纪之后的1690年,在这里曾发现过一顶王冠,但令历史学家们烦恼的是,这顶王冠已经熔化了。不过,他们在这一年的8月23日还发现了一些东西,足以让我们窥见所谓的英雄时代的一些剪影。被发现的是一艘长舰,在舰体中央有一个木头搭建的房间,房中放着一顶头盔、一柄剑、一些长矛、一柄战斧,还有一个盾牌——上面装饰着鸟和龙,它们正在用银制的犄角喝酒,以及一只拜占庭风格的银碗,10只浅口银碗，其他一些碗、勺、金带扣，一只大钱包，19只首饰和40枚法国银币。[1]这是英国历史上最令人惊奇的考古发现之一，然而不幸的是，1939年8月的时局令人们心烦意乱，人们不太想提起之前日耳曼人对不列颠那次极其成功的征服行动。

萨顿胡遗址的历史可以追溯到7世纪，那时候萨福克还是东安格利亚王国的一部分，墓葬遗址中同时存在着旧教和基督教的物品，显示了那个时代的国王们对两种信仰都有所投注。尽管这是一个墓葬遗址，但却没有任何遗体，人们稍后还发现了一具空空如也的棺材，据说一位东安格利亚的国王长眠于此，不过我们并不能确定到底是哪一位国王。

那个时期最著名的君主是雷德沃尔德（Redwald），他是伍菲佳斯王朝（Wuffingas）的第二任国王，这个王朝的创建者叫乌法（Wuffa），可能是来自瑞典的移民，而在萨顿胡发现的最著名的那顶头盔（事实上只是一些碎片），似乎就与乌法有关。东安格利亚的雷德沃尔德是继肯特的埃塞尔雷德（Ethelred）之后，第二个被公认为不列颠共主的君主，他被视为一个伟大的国王，因为他赢得了一些重要战役的胜利，不过其他的信息我们知之甚少。

虽然上述发现令人振奋，不过盎格鲁-撒克逊文化最早的发源地还是在不列颠王国的最北边：诺森布里亚。诺森布里亚——其名称"Northumbria"的含义为"亨伯河（Humber）以北（North）的人民或省区"，亨伯河传统上被看作英格兰北部的起点——是以两个稍小的王国为基础发展形成的，即德拉和伯尼西亚，这是两个不怎么快乐的家族，但却结盟成为一个联合国家。伯尼西亚的国王埃塞尔弗里斯以残忍嗜杀而著称，他曾经清洗了一批出现在和谈会场的僧侣，最终证明他们其实只出现了很短的时间。埃塞尔弗里斯在迎娶了德拉的王后，并处死她的父亲之后，将两个王国合并起来。他还曾试图谋害王后的兄弟艾德温，艾德温先是逃到了威尔士，随后逃往东安格利亚。除了这些恩怨以外，这桩婚姻似乎倒还算幸福。

在与家族内部成员做斗争的同时，埃塞尔弗里斯还忙于应付不间断的外部战争，与盎格鲁-撒克逊人、不列颠人和说盖尔语的族群连年纠纷不断，从西到北战火不熄。在阿尔弗雷德建立起英格兰国家的基本雏形之前，黑暗年代的经济往来主要依靠偷牛盗马和在战争中抢夺敌人的金属制品，除此之外，没有任何贸易基础可以成为国家建设的基石。所以，当时衡量一位国王价值的标准就是看他能够在多少场小型战争中击败邻国，直到最终出现一个什么别的人来击败他。六位生活在萨顿胡时期前后的东安格利亚国王中，有五位国王亡于暴力，剩下一位的生平至今仍是个谜团。麦西亚的国王彭达（Penda）是一位信奉旧教的国王，他连续杀死了三位安格利亚国王，第四位继任的安格利亚国王与他结为同盟，最终还是战死沙场。

埃塞尔弗里斯试图说服雷德沃尔德杀死艾德温，这是艾德温最黑暗一段日子，这时有一位陌生人找到了他，警告他赶紧逃跑，于是他逃往了诺森布里亚。据后来的记载显示，这位救助了艾德温的贵人正是约克的保利努斯（Paulinus of York），这位意大利教士肯定也曾经思索过，自己来到不列颠究竟能留下些什么。保利努斯是被艾德温的基督徒妻子埃塞尔博佳带到英格兰来的，埃塞尔博佳原本是肯特人，却在东安格利亚成了流亡者。

不过，雷德沃尔德并没有杀死艾德温，他被自己的妻子（一个坚定不移的旧教信徒）说服了，决定饶艾德温一命。因此后来艾德温夺得王位之后，就与雷德沃尔德一起率军北上，杀死了埃塞尔弗里斯。

艾德温对于是否要皈依这个新教心存犹豫，他召开了一次大会来商讨此事，讨论的焦点在于"旧神们是否还在战场上保佑着他们"。在旧教的观念中，人与神的关系显然是更加表面化的，人们崇拜神明是因为他们能够给人们带来想要的东西，而一旦这些神明被认为与战争失败或收成不好相关，人们就立即抛弃对神的信仰，或者有时人们仅仅因为找到了更流行的神，就立刻放弃之前的信仰。领袖们就信仰的问题讨论了一阵之后，一位谦逊的智者站了出来，说了如下一段话：

"国王殿下，在我看来，人们当下的生活就如同一只麻雀飞快地掠过房间，而您和您的同伴们正坐在这房间里享受着冬日的晚餐，房中炉火正旺，而窗外暴风雪肆虐。这只麻雀刚刚从这扇门飞进来，立刻就从那扇门飞了出去，当它在一定范围内飞翔时，就能免受外面冬日暴雪的伤害，但一旦它飞出这小小的安全空间，就会立刻被黑暗的冬天吞噬，从哪里出现，就在哪里消失，你再也看不见它。人的生命也如此，仅仅能出现短短的一段时间，在那之前与之后是怎样，我们一无所知。因此，如果这个新的信仰能够给我们带来更多的知识，那么似乎皈依它就是唯一正确的选择。"

这段演讲至今仍是古英语中最具感染力的段落之一，而且肯定比埃塞尔伯特给出的应该皈依的理由要令人印象深刻得多，后者看起来仅仅是为了取悦了他的妻子，以让自己过得更轻松些。

艾德温上位以后，他的国家大部分时候都处于和平状态，尽管最后在与麦西亚的战争中，艾德温不可避免地死于暴力。根据教士比德的记载来看，这是一个和平的黄金年代："在艾德温的年代，一位抱着孩子哺乳的母亲可以放心地在整个不列颠岛旅行，而不必忧心遭遇侵害。"（他对当时的局势可能过于乐观了——那个时代的犯罪率可能出奇地高，任何30人以下的团体出行都有可能遭遇不测。）比德还记录，艾德温还在王国的大道边修建了喷泉式饮水处，以便旅行者在轻松惬意的旅途中随时补充水分。

12世纪中期，在叶夫苓小镇（Yeavering）发现了艾德温的宫殿遗迹，这处遗迹包括大约十座建筑，其中一座上有标记"DI"，考古学家们将其称为"奇特的残次品"之范例。按照原设计它应该是一座矩形建筑，但最后却成了长菱形，在它倒塌以后，在其遗址上又兴建了另外一座建筑，但后面这座建筑的墙体同样摇摇晃晃、岌岌可危。在罗马人离开之后，信奉旧教的盎格鲁-撒克逊人在英格兰简直如同被抛弃了一般。[2]

诺森布里亚国王拥有两个教职，除了自己所在的国家，还担任沿海的班堡地区（Bamburgh）主教。班堡城堡最终毁于维京人之手，又被诺曼人重新修建，后来到了维多利亚时期，性情古怪的工业家威廉·阿姆斯特朗（William Armstrong，液压起重机和现代大炮的发明者，并以此发家致富）再次修葺了它。[3]

国王们通常不会有太多的时间来完成自己规划的事业，他们通常很快就会遭遇致命的创伤。雷德沃尔德去世之后，继位的儿子厄普沃尔德（Eorpwald）完全改信了基督教，随后遭遇危机，在公元627年被部下谋杀。四年后，他同父异母的弟弟西吉贝尔特（Sigibert）继位，也成了一名基督教徒，后于637年被堂兄弟安那（Anna，男）谋害。麦西亚国王彭达随后杀死了安那国王，将王位授予安那的弟弟埃塞尔希尔（Ethelhere），到654年，埃塞尔希尔和彭达同时在温韦德（Winwed）战役中丧生——温韦德靠近利兹（Leeds），这是撒克逊人入主英格兰后首次有记录的大规模战役。一共有四个国家的军队投入了此次战役，还有相当数量的蛮族部落参战，他们的名字都非常怪异，并且在此役中战成一团，造成了大量伤亡。尽管关于这个时期的记录非常不可靠，但据记载显示，在那一天的战斗中只有战败方的两位国王逃脱一死，其中就包括"避战者"卡德法尔（Cadfael "battle dodger"），他的绰号在早期国王中并不那么引人注目，不过他的逃跑行径为自己的绰号做了注解。

所有的盎格鲁-撒克逊王国都陷入了无休止的战争泥潭，各路人马相互征讨，战争频发，这些战争很有可能是一个王国之内的两个不同派系发起的。与西塞尔·B.德米尔①电影里那种宏大的场景相去甚远，这个时期的大部分战争通常只是双方各派五六十人的战斗，虽然麦西亚的彭达可能拥有一支几千人的庞大军队。赫里（Here）是一支军队的名字（与德语中的"Wehr"一词有关，指军队，如"Wehrmacht"意为

---

① 西塞尔·B.德米尔（Cecil B.DeMille），美国导演、演员，热衷于大投资的鸿篇巨制，作品有《埃及艳后》《十字军东征》《骑军血战史》等。——译者注

国防军），在国王伊内的法律下，一支赫里就是指任何35人以上的队伍。所以说，这个时代的战争都是非常小规模的，更像是英格兰某个小镇中心的酒吧外发生的斗殴事件。

要想对这些战争场面有更加清晰的印象，我们得先知道，在这个旧教依然盛行的年代，人们脸上通常绘有图画或文身，不论男人或女人都喜欢染发，男人通常染成蓝色、绿色或橙色。他们每个人都戴金色的手环，与稍晚些时候的维京人一样。

艾德温死后，诺森布里亚的两个地区再一次分裂，埃塞尔弗里斯的儿子伊安弗里斯（Eanfrith）统治了伯尼西亚。比德曾记录道，他治下的民众恢复了旧教信仰，比德在此有何指涉我们不得而知。保利努斯逃走之后，留下了另一个意大利人——他的执事詹姆斯，独自在德拉的荒地上经营着废弃的教堂。幸运的是，诺森布里亚的国王们从来没有长久在位，伊安弗里斯也不例外。他与不列颠当地的一个酋长凯德沃伦（Cadwallon）订立了停战协议，在协议被撕毁后，他带着12个士兵前去进行争取和平的谈判。谈判的内容史料并未记载，但我们知道在会谈结束之后，伊安弗里斯便去世了。

随后，他的弟弟奥斯沃尔德（Oswald）继位，并在打败了凯德沃伦之后又一次统一了德拉和伯尼西亚。由于他的舅舅艾德温之前可能一直在试图杀害他，奥斯沃尔德在说盖尔语的地区（也就是今天的苏格兰西部）作为逃犯长大。他与弟弟们生活在一起，包括奥斯桂德（Osguid）、奥斯威尤（Oswiu）、奥斯拉克（Oslac）、奥斯拉夫（Oslaph）和奥法（Offa）——盎格鲁-撒克逊人习惯在给孩子们起名的时候以同一个字母开头。在苏格兰，奥斯沃尔德皈依了基督教，也许成了比艾德温还要虔诚的信徒，并且后来超越自己的叔叔成为了真正的信徒。奥斯沃尔德被追封为圣徒的理由是，他在自己的国家内树立了新的信仰。他让爱尔兰的朋友借给自己一个主教，据说第一位被送去的主教沉迷苦修，于是他们又派出了圣艾登（St.Aidan）。（奥斯沃尔德会说盖尔语，他为圣艾登担任翻译。）艾登在诺森布里亚全境修建了许多教堂，他可能比奥古斯丁在英格兰基督教化中所起到的作用还要大。

文化的冲击

事实上，在修道院发展的历史上，爱尔兰人始终发挥着重要作用。修道院是4世纪时在埃及首先出现的，创立者"伟大的圣安东尼"（St. Anthony the Great）是一位来自亚历山大港（Alexandria）的圣人，他拥有大批追随者，这让他不堪其扰。为了躲避这些热情的知识分子和其他伪知识分子的追捧，他悄悄来到了沙漠。不过，市民们也跟随他来到了清修的山洞里，接着又随他来到沙漠。他终于意识到自己永远不可能摆脱这些人群，于是建立了一个隐士组织。这样，历史上第一座修道院——圣安东尼修道院就成立了。到了5世纪，在东地中海地区已经有了大约700座修道院。爱尔兰在5世纪时因圣帕特里克（St. Patrick）的传教而皈依基督教，在那之后，修道院理念也很快被爱尔兰人民接纳。爱尔兰僧侣们尤其喜欢宗教生活中的苦行，而爱尔兰地区的艰苦环境正好给他们提供了完美的条件。其中环境最恶劣的莫过于斯基林·迈克尔岛（Skelling Michael），它位于克雷郡（Kerry）海岸不远处，是一座多山的孤岛，只有海面平静时才能乘船到达那里，并且岛上的山陡峭无比，非常难以攀爬。[4] 几乎可以肯定，在爱尔兰教士中曾经出现过某种竞争的风潮，他们争相寻找最不方便和最不舒适的地方来生活和清修，以显示自己是多么虔诚圣洁。

在苦修的过程中，爱尔兰修士们保存了大量的古代文献，尽管爱尔兰岛一直因为大家族斗争不休而长期处于混乱和战争中。有一次，他们甚至为了修道院的书籍而发起战争，这次战争被称为"书籍之战"（Battle of the Book），地点在爱尔兰西北部德拉克里夫的凯布雷王国（kingdom of Cairbre Drom Cliabh），从公元555年持续到561年，起因是圣科伦巴（St.Columba）的非法抄录。这很有可能是英国历史上唯一一场因"版权纠纷"而引发的战争。这场战争最后造成了双方共计"上千人"死亡。[5]

基督教在英格兰传播开来，盎格鲁-撒克逊人反过来开始劝说海峡对岸萨克森地区的日耳曼人（今天这部分人被称为德国人）也来皈依新教[6]，而在此之前，英格兰最后一个旧教信徒的集中地苏塞克斯也已经宣布改信基督教。南部的撒克逊人之所以同意改变信仰，只是为了换得怀特岛（Isle of Wight），这是麦西亚的伍尔夫赫里（Wulfhere，公元658~675年在位）许诺给他们的，条件就是他们要皈依基督教。

尽管教皇格里高利一世曾主张，其他旧教应该得到宽容，但信奉基督教的世俗统治者们却不可避免地竞相开始了迫害异己的进程。一份保留至今的声名中写道："任何女巫或巫师、宣假誓者、崇拜死人者、行为不端者，以及公开卖春者，不论他们出现在何处，都应该立即被驱逐。"坎特伯雷大主教西奥多（Theodore）的《忏悔录》（*Penitential*）写于格里高利一世去世后的7世纪90年代，书中记录了一些这个旧教时代的奇怪现象，比如在惩罚的手段中，包括："如果母亲将自己的女儿放在屋顶或炉灶中试图治愈发烧，那这个母亲应受7年苦行。"[7]坎特伯雷大主教西奥多是个了不起的人物，他出生于一个希腊家庭，在将近60岁的时候前往罗马，这本身就已经非同寻常了，而到了66岁的时候，他被派往盎格鲁-撒克逊出任主教，此时的他对不列颠蛮族的语言还一窍不通。前任大主教维嘉德（Wighard）于667年曾前往罗马，以期得到教皇封圣，不过不久死于鼠疫，于是这个位置就空置下来。西奥多之所以得到这份差事，是因为其他人都拒绝前往不列颠，教廷只好任命于他。

西奥多在君士坦丁堡学习过经典希腊语教程，对他这样在希腊古典文化氛围中成长起来的人而言，不列颠似乎就如同电影《野蛮人柯南》①中的蛮荒之地一般。不过，尽管对这里知之甚少，他仍然留在此地工作了22年，直至完全了解了英格兰教会。[8]

基督教徒们还抛弃了撒克逊传统中崇拜石头的习俗，也禁止在耶稣受难日这天使用钉子或任何铁制工具。保利努斯曾命令一个年轻人将树上的乌鸦射下来，以向"那些仍然坚持着……旧教信仰的人"证明，不必再崇拜鸟类了。

不过，比起完全禁止这些旧教的习俗，基督教其实采取了更简单的做法，他们将大部分旧教传统纳为己有，因此，基督之死的节日仍被命名为复活节，新的教会也在旧教神庙的原址上修建；许多宗教地点可以追溯至前凯尔特人时期，这些地方过去供奉的神明囊括了各个时期的信仰，从石器时代开始，到后来的罗马时期和撒克逊时期的旧神、基督教、新教。

有一些统治者不会"把鸡蛋放在一个篮子里"②。雷德沃

---

① 《野蛮人柯南》（*Conan the Barbarian*）是由约翰·弗雷德里克·米利厄斯（John Frederick Milius）执导的冒险片，于1982年在美国上映。影片讲述了一个充满黑暗魔法和野蛮的虚构史前世界，以及一位名叫柯南的男子给自己惨死的父母报仇的传奇性历险故事。——译者注
② 即为分散风险多面讨好。——编者注

尔德坚定地宣称自己是凯撒的传人,但却从未彻底地抛弃旧信仰,因为他其实畏惧自己的妻子。于是,这位国王修建了两座并列的神殿,分别供奉新旧神明。

直到今天,在英国仍能见到旧教时代留下的很多痕迹:在牛津的皇后学院,每年都会有一支队伍举着一只野猪的头,一边游行一边高唱《野猪头之歌》(Boar's Head Carol)。几乎可以肯定,这是从早期盎格鲁-撒克逊时代流传下来的习俗,目的是供奉女神弗雷娅。

新的信仰的传入使得盎格鲁-撒克逊民族开始进入更加复杂的地中海世界,而且必须开始直面罗马文化的冲击,这是他们原始时期的祖辈们一直忽略的。拉丁语词汇第一次进入了不列颠语言体系,一些人开始学习拉丁语阅读。之前,撒克逊人一直使用北欧的如尼字母,其实有许多限制之处,比如如尼字母中缺少表"g"音的符号,词与词之间也没有空格间隔开,那么阅读稍微长一些的文字就成了件万分困难的事,除非只阅读"谁杀死了谁"这样的简短句子。

奥斯沃尔德于642年在与麦西亚的战争中死去,并得到了一个相当夸大的称号——"全不列颠的皇帝";继位的是他的弟弟奥斯威尤,奥斯威尤拼尽全力维持着各个派系之间的平衡与和谐,以免国家再一次分裂。曾经与旧教徒开战的奥斯沃尔德很快就被追封为圣徒,在他下葬之前,传闻人们看到他的墓葬中发出了一束光芒。接着,他的追随者队伍就在整个北欧地区扩大，他的形象在英格兰和日耳曼地区的旧教堂中随处可见。他的头颅被带到了达勒姆大教堂（Durham cathedral），而手臂则保存在彼得伯勒（Peterborough），原因不详。不过，弗里西亚（Frisia）的教堂也宣称供奉着奥斯沃尔德的头颅，并且称他们是无比虔诚地接收这颗头颅的，不接受任何质疑。[9]除了这两处地方，还有卢森堡、瑞士和德国的教堂也做出了同样的声明。鉴于同时期没有人提到奥斯沃尔德有五个头——如果一个人真有五个头，那么任何一个旁观者漫不经心地看上一眼也会印象深刻，必定成为他们首先记录的要点——我们可以断定，这些教堂中的遗体肯定不全是真的。

与此同时，奥斯沃尔德的继任者奥斯威尤也成了一名虔诚的信徒。他向英格兰各地派出教士，又于公元653年强迫埃塞克斯国王塞吉伯特（Siegeberht）在海上的布拉德韦尔（Bradwell-on-the-Sea）修建了圣彼得教堂，成为现存最古老的盎格鲁-撒克逊建筑。奥斯威尤最伟大的成就在于修建了惠特比修道院（Whitby Abbey），并任命自己的堂姐妹希尔达（Hilda）出任女院长。627年，国王艾德温下令自己的国民全部接受洗礼时，希尔达13岁，正是当时接受洗礼的国民之一。到633年麦西亚的鹏达统治英格兰时，她被保利努斯和亲戚埃塞尔博佳带到了肯特。33岁时，她回到了诺森布里亚，成为一名修女。修道院的生活是非常清苦的，修女们吃穿用度全部统一，大部分时间都必须用来阅读《圣经》。希尔达在66岁那年去世，临终前七年她饱受发烧的痛苦，不过，在她的管理之下，惠特比成了宗教学习的一处非常重要的地点。

正是在惠特比修道院，奥斯威尤举行了著名的宗教大会，对造成不列颠教会思想不统一的多数重大问题做出了讨论和抉择，其中包括复活节的具体日期（至今仍是永无休止的争论焦点），以及僧侣应该留什么样的发型等。有一些教士因为无法接受统一的新规则而冲出了会场，比如林迪斯法恩的那些代表们。

由于大学要在约400年之后才出现在历史舞台，所以这个时期的绝大部分脑力劳动都是在修道院中完成的，因为只有在这里，人们才能够学习经典和《圣经》。这个时期的女性不仅能够主管修道院，而且还有很多男女混合的修道院存在，修士和修女们各自住在分开的卧室里，但这种男女混合的修道院之后就被取消了，不得不说是非常令人扫兴的一项改变。在希尔达的时代，惠特比修道院中一位十分害羞的修士写下了历史上第一首英语诗歌，他名叫凯德蒙（Caedmon），事实上他的作品也是所有形式的英语文学中，最早解释创世神话的作品。一个与他同时代的人曾这样形容他的创作（为了表达对凯德蒙的赞美）：他将单词组合成为诗句，如同奶牛将绿草变为粪肥。《凯德蒙的诗》

(*Caedmon's Hymn*）作于660年到680之间，其中最著名的一句是："人类的守护神装点了下方这块中土大陆，这里才成为人类的世界，也是永恒的神明和全能的国王的世界。"如果你觉得这些诗句听起来稍稍有些耳熟，那是因为J.R.R.托尔金（J.R.R.Tolkien）在《指环王》和《霍比特人》中有过类似的描述，他对盎格鲁-撒克逊文化非常有研究。

《贝奥武夫》

不过，古英语早期文学中最负盛名的作品当属《贝奥武夫》，它成书于680年到800年之间，作为口头流传的形式应当存在于更早些时候，是一部最好的对早期英语文化的介绍性读物。这本书的背景设置在斯堪的纳维亚，那时已经是盎格鲁-撒克逊人入侵不列颠前后，斯堪的纳维亚算是比较古老的国家，诗中讲述了一名来自瑞典的战士去往丹麦杀死一只叫格伦德尔（Grendel）的怪物，接着在湖底杀死了怪物的母亲，然后在回家的途中又杀死了一条恶龙。最后这位英雄也死去了。贝奥武夫是耶阿特人（Geat），这是瑞典南部的一个部族，他前去丹麦是为了帮助赛尔丁（Scyldings）国王赫罗斯佳（Hrothgar）。赫罗斯佳有一座宏伟的大厅，被称为鹿厅（Herorot），过去12年一直被格伦德尔占据着。故事里的英雄是一名基督教徒，此诗虽然写于盎格鲁人皈依以后，但所描绘的故事显然是基督教传入以前的事情，而且是一个以战士为主导的英雄时代，人们被命运所掌控——也就是所谓的维尔德①，现代英语中的"古怪的"（weird）一词就是从这个概念演化而来的。《贝奥武夫》在哀叹那个更加暴力的时代已经过去时，语气几乎是忧郁的，书中认为，过去的旧时光是美好的，男人们充满男性气概，而基督教传入以后，人们不再与野兽搏斗，也禁止女儿们上房顶。《贝奥武夫》甚至是人牲制度终结的一个暗喻。

在杀死了"令人作呕的怪物"之后，贝奥武夫在一场失败中死去了，他的国家也一溃千里。这首诗最终的结论就是，贝奥武夫这一生所获的声誉与成就都是毫无意义的。

同时，奥斯威尤的王位也由弟弟奥斯雷德（Osred）继承。之后继位的是奥斯威尤的儿子伊德弗里斯（Eadfrith，公元670~685年在位），关于他的生平记载极少，他可能是银币的发明者。不过，他的统治很快就到了尽头，在亲自前往福法（Forfar）参加与皮克特人的战争时不幸丧生。他不是唯一一个惨死的国王，在诺森布里亚的黄金时代，一百年里产生了16位国王，其中只有三位在自己的王座上安静地死去，有两位被流放，五位被废黜，三位在战斗中被杀死，还有两位死于谋杀。两个敌对家族之间的战争一直没有停歇，直到

---

① 维尔德（wyrd）是盎格鲁-撒克逊传统文化中的一个唯心概念，大致相当于命运或每个人注定的安排，比一般的旧教中命运的概念要强，因为他们认为维尔德是不容反抗的。——译者注

867年维京人为他们做出裁决，将两边的主事之人都杀死了。

可敬的比德

黑暗年代不是一个新闻多发的时代，而我们所知的关于这个时代的信息，大部分都来自可敬的比德（Venerable Bede）。比德是诺森布里亚的修士，一生中大部分时间都待在修道院里，不过，毋庸置疑，他仍然是这个时代最伟大的历史学家（必须指出，他差不多也是此时唯一的历史学家）。

比德于公元672年生于维尔茅斯（Wearmouth），这里现在是工业城市桑德兰（Sunderland）的辖区，他童年就失去了双亲，12岁时被送往附近达勒姆郡贾罗区（Jarrow）的修道院。但他的命运却并没有开始好转，一年以后，当地一些村民去往修道院寻找欧芹，他们乐观地希望欧芹能帮助他们治愈鼠疫。而后，修道院中的所有人都被感染了。瘟疫结束以后，只有比德和年长的修道院院长幸存了下来，不过，他们并没有因为人员的大幅损耗而怠惰不前，两人如二重奏般继续着每天的祷告和唱诗。

修道院的生活本是极度劳累的，修士们大部分时间都在兢兢业业地书写，以及抄录古代文献。他们夜以继日地苦修，所处的环境也十分恶劣，冬天寒冷至极，鹅毛笔被冻成冰柱从他们手中滑落。在黑暗年代，诺森布里亚的修道院没有任何取暖措施（这是显而易见的）。书写和制作书籍在那时是一件沉闷而费力的工作，人们用羔羊的皮制成羊皮纸，制作一本《圣经》需要用去500只羔羊的皮。在这样的情况下，比德共撰写了68本书，主题涉及哲学、天文学、语法学和数学。诺森布里亚在皈依基督教之后，文化得到了飞速发展，比德得以接触到200多本书籍，大部分来自意大利，这比7个世纪以后都铎王朝初期的牛津或剑桥的藏书都要多。[10]

比德的著作《英吉利教会史》（*The Ecclesiastical History of the English Nation*）由拉丁文写成，约成书于731年，这不仅是盎格鲁-撒克逊人的第一部史书，也是第一部涉及英吉利民族的书，而不是仅仅将不列颠视为众多部族和采邑的简单集合。[11] 由于比德是盎格鲁人，他将七大王国的人民称为英格兰人——虽然他指的可能仅仅是撒克逊人，并且在拉丁语中他们在相当一段时期内都被称为萨克森人（Saxonia）。[同样地，还有凯尔特人为他们的萨克森邻居起的名字；直到今天，芬兰人仍将德国人称为"萨思卡"（Saska）。]

在这种情况下，比德在自己的著作中将说英语的人称为"神选定的民族"（God's destined race），表现出了一种不假思索、毫无来由的民族自信，至于"神"为什么会将他选定的"子民"放在一片无名之地之中一个雨季连绵的小岛上，那就无人知晓了。比德还暗示道，是"神"亲自给了他们这个岛屿——他用来证明这个论断的理由是，布列吞人因为没能成功地说服新来的盎格鲁-撒克逊人皈依基督教，而触怒了"全能的神"，这才降下惩罚。

除记录历史以外，比德还记下了国家各地发生的新闻，甚至连偏远的苏塞克斯地区也没有忽略。他曾记录道，南部撒克逊人在一次严重的饥荒中集体跳下海岸边的悬崖，地点就在比奇角（Beachy Head），这里至今仍是英格兰跳崖事件发生最多的地方。[12]比德的著作被其他人抄录，带到了全国各地，英格兰人因此第一次对这个国家其他地方的事情有所了解。不过，直到后来阿尔弗雷德大帝在位时期，才由他亲自将比德的著述从拉丁文翻译成英文。

比德留下的遗产远远不止于此。那时的欧洲人使用28种不同的纪年法则，最普遍使用的是以罗马建城（公元前731年）作为起点的纪年法，还有以某位君主登基作为纪年的开始，但当时的英格兰有七位国王同时在位，并且他们每个人的预期寿命都不会太长，纪年对于英格兰人而言就成了一个难题。虔诚的比德认为，以基督的出生年份作为纪年的伊始要更加妥帖，这个想法的第一个推广者是希腊的小个子丹尼斯（Dennis the Little）。多亏了比德，公元前（Before Christ，即耶稣之前）和公元后（Anno Domini，即耶稣纪年）的这套纪年法才得以流传开来，不久就在所有基督教国家中成为通行的纪年法。

考虑到比德所生活的环境，以及他一生中大部分时间都处于失明状态，他的成就已经足够伟大了。他的眼睛失明得非常厉害，曾有一次，两位修士故意作弄他，骗他在一座没人的教堂做完了弥撒。

753年5月25日这天晚上，辛勤工作了一辈子的比德正在向一位名叫韦尔伯特（Wilbert）的小伙子口述最后一章的内容，年轻人照着比德的指示写下了他的话，比德说："这本书到此就已经完结了，现在你可以用双手捧起我的头。"然后他就去世了。他真正工作到了生命的最后一分钟，后来被安葬在达勒姆教堂，拉丁铭文写道："这里安放的是比德珍贵的遗骸"，但被错误地翻译成了"这里安放的是令人尊敬的比德之尸骨"，于是才有了后来人们所知的这个有些怪异的称号——可敬的比德。

比德是那个时代最伟大的圣人之一。在与他比肩的人当中，最值得注意的是675年左右出生于德文郡的圣伯尼菲斯（St.Boniface），他前往日耳曼这片旧教的土地，说服很多日耳曼人皈依了基督教，也因此成为日耳曼地区的主保圣人。后来，他被低地国家愤怒的旧教信徒砍死了——这种事情总是不可避免，很难有一个圆满的结局。

比德生活的年代被后世称为诺森布里亚黄金年代，因为这时的诺森布里亚王国不仅是整个不列颠岛最先进的国家，也是西欧范围内最为活跃的国家。《林迪斯法恩福音书》（*Lindisfarne Gospels*）是这时诺森布里亚文化的代表作，这个时代的大部分书籍都只使用三种颜色写成,而这本书却使用了多种颜色。它由一位叫伊德弗里斯的修士辛勤写作而成,中间附有爱尔兰风格的插画,最终成书的年代约为715年(据说伊德弗里斯也是第一个使用铅笔书写的人)。[13]这本福音书原本藏于达勒姆大教堂,到16世纪时,亨利八世的手下偷走了它并带到伦敦,如今,此书藏于圣潘克拉斯火车站旁边的大英图书馆。

第5章

vs.

奥法大堤

前辈奥法

最终,麦西亚的彭达还是不可避免地在7世纪的政权争夺战中被杀死。在今天的地图上看,麦西亚大致位于英格兰中部,首府坐落于斯塔福德郡(Staffordshire)的塔姆沃斯市(Tamworth)。"麦西亚"的含义是边界,它的建立者是布列吞人在疆域边界上最为凶残的部族,最初来自今天的德比郡地区(Derbyshire),在发展壮大的过程中不断蚕食周边一些名称不详的小部族。麦西亚和诺森布里亚几乎一直处于水火不容的战争状态,这已经成了一个常态。彭达死后,诺森布里亚人扶植彭达之子皮亚达(Peada)建立傀儡政权,但皮亚达不久也遭杀害,凶手可能是他的妻子,接着他的弟弟伍尔夫赫里被推上了王座。伍尔夫赫里皈依了基督教,这似乎让他的国家逐渐稳定了一些,或者说无论如何,至少修道院为这个不怎么受欢迎的国王提供了一个去处,使他在面对困局时不至于无处可躲。而他的继任者埃塞尔雷德和科恩雷德（Coenred），也都经常去往修道院。

公元768年，埃塞尔伯德（Ethelbald，716~757）成为公认的英格兰南部共主。最终，他的不羁行为激怒了自己的护卫，被护卫刺死。同一年，韦塞克斯国王塞吉博特被贤者会议维坦（witan，当时的一种执政会议）废黜，理由是国王有"不公正的行为"，随后国王被放逐到肯特郡的维尔德（Weald），并在那里与一名猪倌产生了激烈的争吵，最后被刺身亡。

埃塞尔伯德的堂弟贝奥雷德（Beornred）继承了王位，但仅仅几周之后，埃塞尔伯德的第二个堂弟奥法就谋杀了贝奥雷德，自己登上了王位。接下来的40年麦西亚都由奥法统治，他成为黑暗时代最具统治力的一位国王，为后来的阿尔弗雷德大帝做出了榜样。奥法在统治期间，征服了一系列苏塞克斯和肯特的小国家，将本国的疆域扩展到了英吉利海峡沿岸。在拓展国土的过程中，奥法似乎被法兰克王国深深地影响了，那是一个文明程度更高、更发达的国家。

公元496年，法兰克首领克洛维在一场十分棘手的战争中战胜了另一支日耳曼部落——阿莱曼尼人（Allemani），随后，法兰克人就成为西欧蛮族中第一支皈依罗马天主教的部落。[1]不过，直到8世纪末，查理曼大帝（Charlemagne，742~814）才成为第一个真正带领西欧走出黑暗年代的领袖，他鼓励文学和艺术发展，更重要的是，杀死了许多妨碍基督教传播的人。在杀死了约4500名不肯改变信仰的萨克森贵族以后，查理曼大帝在晚年变得成熟温和了一些，废除了对异教徒的死刑。

查理曼的父亲丕平（Pepin）在废除了克洛维后裔的王位之后，自己篡位登基，并让大主教为其涂油加冕，这是第一场具有现代性和宗教性的加冕典礼。查理曼则更进一步，他在公元800年加冕成为皇帝，为法兰克王国发展成为法国奠定了基础（尽管在这之后的大约200年里，法兰克统治者们仍旧说着一种日耳曼语）。他还将自己的宫廷变成学习中心，聘请了那个时代几乎最顶尖的盎格鲁-撒克逊学者——约克的阿尔昆（Alcuin of York）。阿尔昆约有300多封书信保留至今，奥法在世时，阿尔昆写下了许多溜须拍马的文字，而当奥法死后，他的文字则要真实客观得多。

奥法和查理曼曾保持书信往来，互相交换礼物，虽然查理曼送出的东西明显要贵重得多。796年，法兰克统治者发出信函，称奥法为自己"最亲密的兄弟"、"你所在的国家最强有力的保护者"，以及"圣洁信仰的拥护者"。仅存的另一份来自法兰克人的通信是同一年稍晚时候写的，信中查理曼向自己的盎格鲁-撒克逊并肩者抒发抱怨，因为他们卖给自己的大衣和毯子都质量不佳。[2]这两位君主还达成协议，让查理曼之子迎娶奥法之女，但当麦西亚人要求在这项协议中再加一条，即让自己的儿子迎娶一位法兰克公主时，查理曼大帝下令关闭了所有对英格兰的港口，也就是说，他拒绝了这个要求。

与法兰克之间的新联系给了奥法新的灵感。他在坎特伯雷创立了制币厂，将自己的形象印在罗马风格的银币上。铸币上的奥法"穿着精致，头发做成卷曲的形状，使他脸上有光影交错的效果"，而"在另一面，他如罗马皇帝一般头戴王冠，身着丝织物，还佩戴着昂贵的首饰"。[3]奥法的妻子赛恩斯瑞斯（Cynethryth）是唯一一位出现在铸币上的盎格鲁-撒克逊王后，与其说这展示了奥法对一个好女人的爱意，不如说显示了他在模仿罗马皇帝一事上越发膨胀的炫耀心理（如果他的臣子们知道统治国家的君主心理有些疯狂，他们可能会感到有些忧虑）。

那时的英格兰与现在一样，流行风尚受到法兰克人的影响，奥法第一个引进了欧陆那种奇异新潮的服装样式。他如此热衷于追逐法兰克式的服装潮流，以至于阿尔昆抱怨道："一个傻瓜想出了一个新奇的点子，下一分钟便引起整个国家的竞相模仿。"

奥法似乎是一个相当有争议的人物，在他统治期间，出现了第一起王权与教权之争。他因为不喜欢坎特伯雷大主教，于是请求教皇将英格兰分为两块区域，教皇答应了他的请求，并在奥法死后撤销了这一划分。

奥法的第二项重大遗产（尽管这也有可能是韦塞克斯的伊内所为）是修建了撒克逊经院（Schola Saxonum），或称撒克逊学校，这是在罗马城中为朝圣者所建的投宿之所，经院坐落的区域是以去过那里的英格兰旅行者命名的。不过，奥法最为人所知的遗产还是为了阻止威尔士人进犯而修建的大堤，奥法大堤后来又修修补补几英里，其历史遗存几乎仍在原先的位置，至今仍是英格兰和威尔士的边界线。

剑与盾

奥法去世后，肯特王国在一位名叫艾德伯特·普拉恩（Eadberht Praen）的修士领导下发起了叛乱，普拉恩最终被刺瞎双眼，削去双臂。不过，在奥法去世之前，他曾强迫贤人会议许诺接受他的儿子艾克弗里斯（Ecgfrith）为王位继承人，于是，艾克弗里斯于787年接受涂油加冕，用法兰克人的方式登基为王。他也是一位明显受到查理曼大帝影响的国王，甚至将自己的儿子送往罗马，以加强自己与旧帝国之间的联系。

这就是王室加冕礼上宗教元素的由来，涂油仪式一直延续到了今天，而且被所有蛮族国家的国王所采纳——他们都希望从中沾上一些罗马帝国的光辉。当时在欧洲，基督教最吸引这些王国统治者的魅力之一就在于，国王们能通过它拾取罗马帝国的文化和威望。

不幸的是,艾克弗里斯在父亲奥法去世后仅仅数周内也离开了人世,这一条王室血脉便断绝了。阿尔昆评价道,这是"神的意志"——不过他这么说其实主要是为了暗示,这都是奥法"罪有应得":"说实话,我认为大部分贵族年轻人都不是因他们自己犯下的罪而死,而是他们的父亲所犯下的杀戮引发的复仇,不幸波及到了儿子。我们都清楚,父亲为了确保儿子能够安全地坐上王位,究竟造成了多少杀戮。但这其实并不是在壮大他的国家,反而是在毁灭这个国家。"

显然,阿尔昆在奥法活着的时候从未说过这样的话,事实上在阿尔昆写给奥法的信中,还称他为"不列颠的光荣、福音的传播者、保护我们免受敌人侵害的剑与盾"。

在奥法统治末期,他实际上统治了英格兰全境,假使他的儿子能如他一般成功的话,那英格兰的首都就应该在斯塔福德郡的某座城市了。当然,这件事从未发生。对于任何一个正处在上升期的人来说,他所能够想象到的最可怕的噩梦,就是粗鲁野蛮的远方亲戚突然出现在面前,让你的生活万分扫兴。而盎格鲁-撒克逊人就有这样一个最糟糕的亲戚——维京人。

Saxons
vs.
Vikings

第6章

维京人来了

Alfred the Great and England
in the Dark Ages

传说中的维京人

　　传统而言，有关维京人的描述多是负面的，在人们的想象中，维京人最常见的形象就是一群古代的"飞车党"——鲁莽夸张、行事极端。另一方面，近些年来历史学家关注的重点却在他们的贸易和航海技术上。维京人在航海远行时，除了会携带大量的武器装备，还时常会带上一些布匹之类的商品进行贸易，毋庸置疑，他们在交易时也会用上恐吓威胁等手段。

　　除了上面这些，我们还应该记住的是，维京人曾在罗斯建立了国家，而且他们的足迹远至北美洲，这是一项了不起的成就。维京人无疑是聪明的水手：雷文·弗洛基（Raven Floki），也就是著名的幸运儿雷文（Raven the Lucky），他玩了个聪明的把戏，从而发现了冰岛。他先是捕获了三只乌鸦，将它们带上船，然后释放它们，这样它们就能凭着动物的直觉找到最近的陆地。

尽管这些历史与我们对于维京人的一贯印象迥然不同，但显然，一个诺森布里亚的修士并不会感到些许安慰，何况他的修道院还遭遇了维京人的劫掠和纵火，最终毁于一旦。同样地还有一些可怜的撒克逊人，他们长眠的地方竟然是维京人自879年就开始埋人的坟地，其中埋葬着两个被谋杀的女奴，旁边是一个维京战士，还有数百具男人、女人和孩子胡乱堆放的尸体，这样的安排是为了让北欧人能够在瓦尔哈拉继续折磨撒克逊人。尽管在现代流行的观念中，维京人常见的形象只不过是具有攻击性的商人，但这些丹麦人和挪威人实际上要危险得多，甚至可以与瘟疫的危险程度相提并论，任何人一旦倒霉遇上他们，命运都会相当悲惨。

在那时，他们还没有被称为维京人，这个词仅仅指劫掠者[1]。后来，11世纪的冰岛传奇在维多利亚时代开始流行，维京人才成为他们的称呼。而当时的撒克逊人将他们叫作丹麦人，尽管很多时候其实是挪威人。这两个民族都喜欢劫掠，所以其实也没必要分清他们究竟是从哪一个冷冰冰的山洞里出来的。更多时候他们被称为"野蛮的旧教信徒"（heathens），或是异教徒（"pagani"或"pagan"）。

维京人在卡通动画中通常是戴着牛角头盔的形象，但其实他们在战斗时并不戴这种头盔。这个想法多半来源于19世纪理查德·瓦格纳（Richard Wagner）的歌剧，这些歌剧有些不怀好意地描绘了古时北欧人的光辉成就。实际上，那时维京人头上戴的圆锥形头盔与同时代的其他战士没有什么不同，虽然他们的确有时会将牛角或其他装饰物放在墓地上。而且平日里的大多数时候，他们并不戴任何头盔或帽子。

热爱冒险的希腊水手皮亚西斯可能在公元前4世纪到达了斯堪的纳维亚，他曾描写过一个叫图勒（Thule）的极北之地，那里的人们依靠野浆果为生，因为他们缺乏粮食和牲畜。罗马人将这个地方称为斯堪的纳维亚（Scadinavia），意思可能是"危险的岛屿"，指那片海域很危险，而不是指生活在那里的人很危险。后来这个单词又加了字母"N"，变成了"Scandinavia"。

尽管早期北欧人的历史充满了各种传闻、神话和明显是捏造的故事，但几乎可以肯定，瑞典最早形成类似国家建制的王朝是由一批叫"英灵人"（YngLings）的部族创立的。当维京人的国王是一项十分艰巨的工作，一位早期国王多玛尔迪（Domaldi）就曾在一次庄稼歉收后，被自己的子民选为人牲献祭给了神，这场景简直如同电影《异教徒》[①]一般恐怖。另一位英灵国王多恩那（Donnar）则是在"瑞典的苦刑架上被折磨至死"，不过对此并没有更多的细节描述。还有一位名字非常怪异的国王艾斯坦因·法特（Eystein Fart）

---

① 《异教徒》（The Wicker Man）是由尼尔·拉布特（Neil LaBute）导演的美国惊悚悬疑电影。影片讲述主角爱德华在与世隔绝的小岛经历的一系列怪异事件。——译者注

死得更加离奇，据说一位瓦纳（Varna）的魔术师斯科佑德（Skyjold）在被他打劫之后，"召唤了一阵大风"吹翻了国王乘坐的御船，于是国王淹死了。[2]

斯堪的纳维亚文化

古代斯堪的纳维亚文化的起源中心应当在老乌普萨拉（Old Upsala），距今天的斯德哥尔摩很近，考古学家们在那里发现了古代国王的墓葬。他们相信，这些国王在死后都将去往瓦尔哈拉，陪葬的有马匹、狗以及其他一些动物，还有武器、贵重陪葬品、日常用品以及奇珍异宝。稍晚时候有人曾记录道，这里还是进行人牲的地点，这种仪式每9年一个循环，人们为了取悦神，将献祭9个不同物种的雄性个体。一份资料显示，在乌普萨拉，牺牲者的尸体会作为陈列展示，即使基督教传入之后也是如此，信徒们必须交付一种税收才能避免被纳入当地这个献祭节日中。虽然这些记载有可能是后来基督教的一种宣传手段，但法庭记录中的确显示有这样的事例发生过。在维京人之后，整个不列颠群岛只有马恩岛（Isle of Man）的巴拉提尔山（Ballateare）发现过曾经实行人牲的证据，那是一具女人的骸骨，她的头骨上有一个洞。

伊本·法德兰（Ibn Fadlan）是10世纪时的一位阿拉伯旅行家，他在罗斯与维京人相处一段时间后，痛切地称他们为"最肮脏的人"。

北欧的旧教显然是异常残忍的，在斯堪的纳维亚的信仰体系中，欧丁（Odin）是"主神"，而在往南一些的日耳曼地区，沃登或沃坦（Wotan）则是"主神"，欧丁还尤其受到劫掠者们的崇拜。欧丁是诗歌和战争之神，在宴会上，宾客们常常赞美欧丁，以此来间接地赞美主人。他还因智慧和高超的作战技巧而著称，他的坐骑是长着八条腿的"神驹"斯雷普尼尔（Sleipnir）。欧丁也被称为"冲锋骑手""长矛之主""军队之父""战争终结者"，以及"胜利的书写者"，这些称号也是对北欧文化的一个侧写。

欧丁也是前线战士的"守护神"，他从不着战甲，每当战士们情绪进入暴怒状态时，他就会变成动物的形态。这些战士们得到了"狼皮战士"和"熊衣战士"（或"狂暴战士"）的称号，原文写作"ulfhednar"和"berserkir"，正是"狂暴的"（berserk）这个单词的来源。尽管他们威名赫赫，足以令人闻风丧胆，后世的传奇中对他们的吹捧却变少了，一种理论说，这是因为早期的吟游诗人都是当着战士们的面吟唱赞歌，诗人吟唱的对象很可能正看着他，因此他必须谨慎地选择用词。[3]还有一种推测是，"狂暴战士"的故事很可能只是一种宣传策略，为了让他们的对手感到害怕，而实际上这种狂乱的行为只会起到相反的作用，会打乱军队在作战时的阵线，所以到后来，这种冰岛式的狂暴行为在作战时就被禁止了，因为这会让所有人一同丧命。[4]

比约恩（Bjorn，即熊）和伍尔夫（Ulf，即狼）是北欧人中很常见的名字，尽管这些人更常被记住的是他们的绰号，比如胜利者埃里克（Erik the Victorious）、智者伯德瓦尔（Bodvar the Wise）、跛子艾乔尔福（Eyjolf the Lame）、剽窃者埃文德（Eyvind the Plagiarist）、嘲讽者海利（Halli the Sarcastic）、马鞭伊瓦尔（Ivar Horse-Cock）、战争之齿哈罗德（Harold Wartooth）、不洁之人伍尔夫（Wolf the Unwashed），以及头骨切割者托尔（Thorkell the Skull-splitter），等等。女人们也有五花八门的绰号，比如大胸托尔卡拉（Thorkatla Bosom）或是长腿哈尔吉德（Hallgerd Long-Legs）。[5]

欧丁还有一个绰号是"杀戮主宰者"（Chooser of the Slain），原词为"valkojosandi"，他的女助手则被叫作"华尔基莉"（valkyrjur，女性的杀戮主宰者）。一共有52位这样的女性，包括正面战争（Bright Battle）、麦酒神符（Ale-Rune）、嘲讽（Taunts）、战争（War）、混乱（Chaos）、毁灭（Devastation）、残忍（Cruelty）、刀剑时刻（Sword-Time）、杀手（Killer）、动荡（Unstable）以及专横（Bossy）等。根据维京民间传说，欧丁和华尔基莉们在天空中奔驰打猎，被人们视为北极光（aurora borealis，即northern lights）。

在北欧神话中，欧丁试图避免在末日之战中死去，他在斯堪的纳维亚最深处的"世界之树"（Yggdrasil）上倒挂了九天九夜，因此，他以某种方式接收到了如尼文的封禁信息，得知了关于"世界终结"的奥秘。欧丁有时被描绘成一个饱受时光蹂躏的老人形象，拿着一柄长矛、一根棍子，身边跟着两只乌鸦，通常是独眼的形象，或是偶尔失明的状态。他还被称为约尼尔（Jolnir），是年迈的"冬季之魂"，在冬季中段的圣诞（Yul）期间被邀请到人们家里，是中欧地区"圣诞老人"的前身。尽管在原先这个版本中，欧丁其实没那么受孩子欢迎，肯定也不是如今的圣诞节时你期盼的那种客人。在维京传说中，欧丁与其他神一样，与大地上的人类发生联系。据传说，一位叫战争之齿哈拉尔德（Harald Wartooth）的北欧领袖就被欧丁造访过，欧丁向他许诺，他将拥有金刚不坏之身，条件是他要向欧丁献出战场上自己用剑所杀之人的灵魂。至少哈拉尔德自己是这么讲述的。

那些在战场上陨落的人都去往瓦尔哈拉度过来世，在那里，他们白天战斗，晚上喝酒（在白天的战斗中被杀死的人都会在夜晚到来前被复活，然后加入晚上的盛宴中），身体虚弱者、妈妈的男孩以及尿床的人们在安静地死去之后，都会进入极寒之地"冥界"（Hel）。总而言之，北欧旧教所创造的世界就如同一个十几岁的男孩创造的宗教，重点都在于战斗、放荡和酗酒，而基督教所描绘的则像是他们的妈妈创造的世界。维京人庆祝的圣诞节是在冬季中段的节日，他们要喝很多麦酒，将牲畜的血收集起来做成布丁状，"Yul"是今天所说的"圣诞季节"（Yuletide）这个单词的来源。听起来这个节日比基督教中同时期的节日"耶诞节"（Christmas）要轻快一些，"Christmas"似乎太肃穆了，不过实际上在北欧的节日中，你受到伤害的可能性要更大。

斯堪的纳维亚有数月之久的漫漫长冬，居住在这里的人都嗜酒如命，而正如你所想象的，这里也盛产寓言、传奇和奇异的动物。这里有精灵族（Alfar，或elves）和他们的黑皮肤的表亲——矮人族（dvergar或dwarves，至少在基督教传入之前，没有任何历史资料显示他们是矮小的）。噩梦可能来源于与母马（mares）有关的传说，它是一种邪恶的生物，与马有某种关系，从这个词中衍生出了"梦魇"（nightmare）一词。还有一些其他的生物，如食人魔（thyrs，英文为ogres）或者食人妖（trolls），而重要的地方则有对应的护卫圣灵——大地之灵（landvoettir）。维京人的巫医通常来自芬兰的乌戈尔族（Urgic），他们是北欧人的邻居，但北欧人觉得他们有些怪异。

维京人的确有一些奇怪的风俗。比如，北欧女人可以主动与丈夫离婚，婚后也可以保留自己的家族姓氏；而如果一对夫妇婚龄长达20年，那么妻子就合法占有一半的财产。总之，她们拥有的权利比那时任何一个社会中的女人都大得多，甚至比后世很多社会中的女性地位要高。斯堪的纳维亚的男人们都爱戴手镯，非常注重清洗和摆弄他们的头发，北欧的发型风尚在诺森布里亚也开始变得流行。说这些并不是为了洗刷维京人的残酷本质，他们的残忍由他们为不同罪行制定的各种刑罚可以见得。这些惩罚措施极富想象力，比如：与有夫之妇犯下通奸罪的男人会被马匹踩踏而死；残杀兄弟者会被倒吊在一头狼的旁边；纵火犯则将被绑在柱子上活活烧死。[6]

蓝色的人

不管这个崇尚暴力、天性残忍的民族犯下多少错误，有一点却不容反驳，那就是他们也进行了许多出色的冒险活动。其中，一支由62艘船组成的船队从法国中部的卢瓦尔河（Loire）出发，一路扎营劫掠，最远到达了摩尔人统治的西班牙地区。最终，他们洗劫了摩洛哥，然后一部分人启程返航，到达了爱尔兰岛，爱尔兰人称他们为"蓝色的人"。有一些北欧人甚至试图径直开往直布罗陀海峡，到达地中海。859年，两位维京首领哈斯坦因（Haesten）和比约恩·艾恩赛德（Bjorn Ironside）计划入侵罗马，不过哈斯坦因想着自己已经去过不朽之城①，于是攻占了罗马城以北300英里的小城鲁纳（Luna）。公平地讲，对于这些来自北欧渔村的人而言——他们的统治者名字都是像马鞭伊瓦尔这样的——任何

---

① "Eternal City"，即永恒之城，不朽之城，是罗马城的别称。——译者注

一座意大利的城市与罗马并无分别。

斯堪的纳维亚社会分为三个阶层——贵族（jarl）、农夫（karl）和奴隶（prael，或slaves），最后一个阶层的人通常会被恶意地给予一些很蠢的名字，比如男性奴隶经常叫克洛特（Clott，意为打结的），或是斯丁金（Stinking，意为恶臭的），女奴叫法特赛（Fat-thighs，意为大臀），或是达姆皮（Dumpy，意为矮胖的）。给奴隶们起这样的名字，简直就像是生怕他们的生活还不够悲惨似的。话虽如此，斯堪的纳维亚的奴隶却不是境况最糟糕的，幸运的奴隶是有可能获得解放的，而女奴和自由人所生的孩子也可以成为自由人。[7]

自由人中存在着一定的公平，他们平分战利品，举行集会，用挥舞刀具的方式进行投票——"一个人，一把刀"，你可以这样形容他们的投票制度。他们非常看重与同伴之间的友谊，以至于他们会割伤手腕，结拜成为过命的兄弟。

维京人和盎格鲁-撒克逊人在血缘和语言方面都有密切的关系，因为盎格鲁-撒克逊人仅仅三百年前才离开丹麦。不过，撒克逊人已经定居下来，并皈依了基督教，而维京人还是那么富有侵略性，信仰着旧神，本土的人口压力也越来越大。在撒克逊人看来，这些乘着约达80英尺的长船而来的入侵者们，仿佛是从地狱来的恶魔。事实上，他们的到来被看作是"上帝降下的惩罚"。

林迪斯法恩的修道院是圣艾登在653年创建的，它至今仍屹立在原址。在基督教建立以后，这里与其他修道院一样，积累了一大笔可观的财富，因为他们既不需要纳税，院中的修士也不必服兵役。事实上，比德曾经指出，有很多的修道院根本没有人前去祈祷，也没有做出过太大贡献。但是，对任何人而言，要去攻击一座修道院这个想法就已经足够惊世骇俗了。

编年史家达勒姆的西米恩（Simeon of Durham）记录下了793年发生的事："来自北方的异教徒们带着海军部队来到不列颠，如同一群随时会蜇人的黄蜂，他们飞快地推进到各个地区，如令人畏惧的狼群。他们不断抢劫、毁坏和杀戮，不仅针对劳作的牲畜、羊或牛等，还有神父和执事，以及成批的修士修女。他们来到林迪斯法恩的教堂，肆意搜刮劫掠，使这里毁于一旦，他们用自己的脚步践踏着这里，在圣坛下掘地三尺，粗俗地衡量着整个神殿的财富价值几何。他们杀死了其中一些修士，一部分戴上镣铐带走，还驱逐了许多人。这些被驱逐的修士都被迫光着身子，承受着无尽的屈辱，还有一些修士被直接投入海中淹死。"

《编年史》中记录，在维京人进行劫掠的过程中，突然出现了巨大的旋风和阵阵闪电，还有愤怒的"巨龙"在空中飞来飞去。盎格鲁-撒克逊人热衷于这种类似世界末日的剧本，而且喜欢有关大决战题材的诗歌，通常都带有审判日的感觉。

林迪斯法恩显然不是维京人第一个攫夺的对象，因为在此前一年，奥法就向肯特的教堂征收过一次税收，以建设和修复桥梁及防御工事，并筹备一次对海上异教徒民族的远征。804年，修道院院长们都开始将修道院建在远离海岸的位置，一位来自莱明格（Lyminge）的女修道院长塞勒斯瑞斯（Selethryth）就曾在坎特伯雷四处考察，想为自己的修道院寻一处新址，最好能在城墙之后、远离海洋的地方。

　　尽管由于受到来自海洋民族的袭击，这时的很多人加入了修道院以逃避兵役——但这对入侵者来说并没什么分别，对他们而言，修道院可不是免受洗劫的地方。维京人鄙视基督教。第一个为北欧人传教的人似乎应该是诺森布里亚的圣威利布罗德（St. Willibrord），他于714年访问了丹麦国王盎格努斯（Ongenus），这位国王被评价为"比任何野兽都凶猛残暴，比石头还冷硬无情"。圣威利布罗德花费了40年的时间在丹麦进行传教，却未能取得进展。[8]

　　的确有很多人将维京入侵看成是上天的怒火。阿尔昆在写给诺森布里亚国王埃塞尔雷德的信中，就认为是国内的犯罪和贪污导致了维京入侵。阿尔昆引用了一段话："'神'对我说，必有灾祸从北方发出，临到这地的一切居民。"阿尔昆在叙述这些的时候似乎还带着享受的语气，他宣布说："瞧，'审判'已经开始了。"

"上天之怒"

不过，尽管许多人认为维京人是上天之怒的代表，这些野蛮民族前去恐吓他们的邻居却主要是出于经济的原因：欧洲最北部地区自然资源极其匮乏，而从公元600年左右开始，这里的人口却开始急速膨胀，人口压力大增。从8世纪到11世纪，共有20万人离开斯堪的纳维亚，另寻家园[9]——虽然说实话，他们通常并不是理想中的友好移民。除此以外，造船技术的创新和发展（这些成果中就包括著名的舰艇"长船"）让斯堪的纳维亚人在8世纪时就能够横穿北海。

795年，爱尔兰遭受了第一次维京入侵，对北欧人来说，进攻爱尔兰比占领别的地方甚至更加轻松些，因为此时的爱尔兰被划分为数百个微型王国，相互纠纷不断。对这个时代最强大的海上民族来说，苏格兰人所在的岛屿是个很好的去处，所以也成了他们的目标，而奥克尼群岛成了最受维京人欢迎的定居地。就连皮克特人也迫于维京人的威压，有一阵子生活很是艰难——要知道他们可是来自加勒多尼亚、有着恐怖文身的民族，以疯狂而著称，罗马人甚至不得不修建了一座巨大的长城来将他们阻挡在外。在苏格兰的一处遗迹中就曾发现一座烧焦的建筑、许多粉碎的雕像和削成碎片的尸体。不过，作为一个维京人，有时也会遇到一定的危险。掌权者西格德（Sigurd the Powerful）是奥克尼群岛上第一位北欧伯爵,他在874年被授予爵位,死于890年。死前不久,他在与皮克特人的战斗中将一位敌方首领——龅牙王梅尔·布莱特(Mael Brigte the Bucktoothed)——斩首,随后将死者的首级放在马鞍中,骑着马四处炫耀,接着,这个让人啼笑皆非的不幸事故就降临了:西格德的腿被死者的大门牙刮伤了,正如死者的绰号所显示的,他的门牙很突出。最终可怜的西格德因为伤口感染而去世。

维京人在入侵英格兰之后的40年里沉寂了下来,理由很简单。在入侵林迪斯法恩的第二年,他们在贾罗地区的另一次征途中遭遇恶劣天气,耽误了行程,当他们到达河岸时,当地人将他们砍成了碎屑,并将其首领被踩躏后的尸体送回了斯堪的纳维亚。当地人要传达的信息似乎成功被接收了。

不过,831年,60艘船突然出现在爱尔兰东部的博因河(Boyne)上,利菲河(Liffey)上也出现了60艘战船。同年,25到35艘战舰停泊在了萨默塞特郡的卡汉普顿(Carhampton),这里正是韦塞克斯王国的中心位置。撒克逊人于是开始征税,并强制召集农民参战,一共召集了两个郡的农民军,但都不堪一战,被一举攻破。据《编年史》记载,接下来的一次严重入侵发生在835年肯特郡的谢佩岛(Sheppey)。

842年,丹麦人进攻伦敦,烧毁了伦敦桥。7年后,一支足足有350艘船的庞大舰队到达不列颠,洗劫了坎特伯雷。

这一次，入侵者不只是袭击和掠夺一番，他们还于850年在萨尼特建立了永久营地，第一次在英格兰度过了冬天。萨尼特是一片富庶的区域，在与法国的贸易往来中具有战略性重要地位，同时这里也是女修道院集中的地方，这些修道院中似乎有大量的财富累积。接着维京人在塞纳河畔扎营，度过852~853年的冬天。这样的话，一旦不列颠发生一些棘手的事情，他们就能到法兰克去，反过来，如果法兰克有麻烦，他们也能去不列颠。

不幸的是，这时的法兰克正处在激烈的内战中，查理曼大帝的曾孙们正为他们所得的遗产打得不可开交，所以当维京军队在整个西海岸逐渐集结时，法兰克没有任何力量反抗。845年，一支由100艘战舰组成的舰队袭击巴黎。入侵者们在低地国家和法国西南部的阿基坦（Aquitaine）也肆意横行，这里由于经年战争已经荒无人烟，据编年史家记载，成群的狼在村庄里漫步，足足有300只那么多，一旦看到被维京人遗漏的当地人，就去把他们吃掉。

那时的英格兰人口密度还很低，几乎没有城市，也没有常备军，大部分土地都被河道和沼泽覆盖，这就便利了从海上而来的入侵者，让他们能够更轻易地横行霸道。典型的维京长船大约有一个网球场那么长，能够容纳30到60人，那么一支30艘长船组成的舰队体量就相当恐怖了。维京人的扈从队（讲拉丁语的编年史家将之称为"comitatus"）一天能消耗一吨谷物，因此饥饿就成了他们的不速之客。

维京人的确也会在一些战争中失败，比如在860年，韦塞克斯人"勇敢地与敌人战斗，把他们打得四散溃逃，最终成为战场上的王者"——这是僧侣阿塞尔的记载中提到的，而这场战争中北欧人的"残肢断臂四处散落，当他们无法再坚持战斗时，只好如女人一般逃之夭夭"。不过在大部分时候，维京人都赢得了胜利，因为他们的军队都由全职战士组成，而撒克逊人的军队则大都是由农民临时组建的，虽然英格兰大地主有时也会组建少量的民兵组织。在战斗中，北欧战士们使用的是钩斧，就是中世纪题材电影中经常可见的那种带弯钩的斧子，有些则使用丹麦斧，这种斧更大更沉，需双手持握，基本上除了极其强壮的人以外，对其他人而言都过于笨重了。而另一方面，撒克逊人的武器通常只能是他们手边的农具。

"维京雄狮"

865年，地方性危机终于演变成了全民族的灾难。一支3000人的"维京雄狮"（Great Heathen Army）组成了，他们的领导人是哈夫丹（Halfdan）、伊瓦尔和乌巴（Ubba），是富有传奇色彩的人物拉格纳·罗斯布鲁克（Ragnar Lothbrok）的三个儿子。关于这三个人的记载很少，我们只知道无骨者伊瓦尔（Ivarr the Boneless）可能患有易骨折的疾病，而哈夫丹的绰号比较奇怪，叫"广泛接纳者"（Wide-embracer）。拉格纳可能还有一个儿子——铁人比约恩（Bjorn Ironside），如果确有其人的话，他应该是传奇的瑞典国王。

关于拉格纳的确切记载就更少了，尽管他经常出现在民间传说中。他绰号的含义是"多毛的裤子"，来源于一次他为了从野兽那里救出未婚妻而穿上的一条特殊马裤。关于拉格纳的故事各种各样，他"制造过血腥的屠杀，也经常以各种方式死去，这使他似乎更像是好莱坞电影里的人物，而不是现实生活中某个真实存在的人"。[10]在《拉格纳之子的故事》（Tales of the Sons of Ragnar）中，英雄拉格纳被诺森布里亚国王埃勒（Aelle）投进了装满蛇的大坑中，凄惨死去；不过在其他版本的故事中，他还有很多种死法，很难辨别哪个故事是真的。[11]冰岛故事《拉格纳传奇》（Ragnar's Saga）中讲到，他因为嫉妒自己的儿子们，只好去了英格兰，而他在英格兰不合时宜的离世则成了丹麦人入侵英格兰的借口，他们声称要为自己去世的亲人报仇，尽管他们其实并不需要什么冠冕堂皇的理由。实际上，没人知道拉格纳是否真的存在过。有一个故事中的拉格纳在845年攻打了巴黎，但我们不清楚是否与罗斯布鲁克是同一人。攻打巴黎的这个拉格纳据说在回到丹麦以后痛苦地死去，他的肚子突然爆裂开来，内脏都飞了出去，他的离世使得接下来对英格兰的入侵变得困难了一些。[12]

  维京人这一次入侵英格兰的时候，正好是四个英格兰王国都在剧烈动荡的时期。在整个不列颠岛，只有诺森布里亚国王的王位和平地传给了儿子，麦西亚国内四大家族互相敌对，同时还与韦塞克斯王国处于对战状态。"维京雄狮"全军于865年到达东安格利亚，准备在这里度过865~866年的冬天。据《盎格鲁–撒克逊编年史》记载："东安格利亚人与他们达成了和平协议，双方不交战，东安格利亚为维京人提供马匹。"然后"维京雄狮"就挥师北上，于865年11月1日开始攻打诺森布里亚首府奥佛维克（Eoforwic）。是日，这座城市的人们都集中在教堂参加万圣节的弥撒仪式。这是维京人经常使用的策略，他们知道，教徒们在宗教节日的时候防备是最松懈的。两位敌对的诺森布里亚国王埃勒和奥斯博特（Osberht）都来到了教堂，他们忙着争吵，根本没有精力应对任何敌袭，尽管他们早就已经知道，维京大军就陈兵在城市南部不远的地方。埃勒和奥斯博特都在袭击中幸存，丹麦人走了以后他们仅回来过一次。不过，在接下来撒克逊人发起的一场对北欧人的袭击中，奥斯博特还是战死了；埃勒被俘，伊瓦尔和哈夫丹用一种极其残酷的方式处决了他，可能是为了替他们死去的父亲报仇。处死埃勒的刑罚叫血鹰，是将犯人的肋骨活活拔出来再扯断（可能要用到的特殊的技巧），然后再取出其肺脏，一直掏空到背部，最后再将他削首分尸。[13]随后，维京人扶植了傀儡国王埃格伯特，在见证了上面那些场面后，埃格伯特当然变得无比顺服，他甚至无法发出奥佛维克这个单词的读音——维京人管这座城市叫约维克（Jorvik），这才衍生出我们今天所说的"约克"（York）。

"维京雄狮"继续开拔向南，在英格兰中部的诺丁汉（Nottingham）度过了867年的冬天。这时，一支麦西亚和韦塞克斯联军与他们在城中相遇，但双方并未交战，麦西亚方面与他们进行了和谈。对不列颠而言，很难聚集一支长久的军队，因为人们都要回到田间劳作，以免庄稼烂掉。

869年，维京人回到了东安格利亚，驻扎在诺福克的塞特福德。东安格利亚人这一次发起了反击，但这未能给他们带来任何好处。国王埃德蒙（Edmund）由于拒绝背弃基督教而被箭矢射死，死后被封为圣埃德蒙。他的遗体所在地也因此被称为圣埃德蒙兹伯里（Bury St. Edmunds）。《盎格鲁-撒克逊编年史》中关于埃德蒙的记载很少，只说伊瓦尔"取得了胜利，杀掉了国王，征服了整个国家"。但10世纪晚期的《圣埃德蒙的激情》（*Passion of St. Edmund*）一书中记录到，国王埃德蒙要求维京人皈依基督教，维京人当然未予理睬，还将国王绑在了树上，当作射击练习的靶子。根据另一份史料记载，埃德蒙未着盔甲，在自己的大殿中等待伊瓦尔，伊瓦尔于是开始揍他、鞭打他、用长矛刺他，而埃德蒙仍然活着，然后就被砍下了头颅。这一次他肯定是死了。

传说中甚至讲到，当埃德蒙的头被砍下来之后，一头灰色的狼跑到了头颅所在的地方，一边发出"嗝、嗝"（"Hic, hic"，意为这里、这里）的声音。看到这里有人会产生怀疑了：怎么会有一头说拉丁语的狼突然出现呢？接下来的传说故事更加离奇，说当人们把埃德蒙的头颅和躯干两部分收殓起来时，他的头神奇地自动接回到了躯干上。关于圣埃德蒙殉道的故事其实大都是模仿塞巴斯蒂安（Sebastian）的传说，后者是3世纪时一位极受欢迎的罗马圣徒，因中箭而死。

总之，人们素来对维京人印象不好的原因是显而易见的。他们所到之地——包括伊莱（Ely）、彼得堡（Peterborough）和亨廷顿（Huntingdon）——的修道院统统被夷为平地，贝里克郡（Berwick）北部科林厄姆（Collingham）女修道院的修女们为了逃避被侮辱的命运，亲手割下了自己的双唇和鼻子，于是她们被杀死了。[14] 870年，彼得堡教堂的80名修士全数被害。

丹麦人在征服了东安格利亚以后，又击败了麦西亚。麦西亚最后一任国王伯格雷德（Burgred）只好启程去罗马朝圣，这本来是统治者们时常会选择去做的一件事，尤其是那些不怎么受欢迎或是对国王工作感到厌倦的统治者，但伯格雷德在做出此决定前可能并没有什么选择的自由。他刚抵达罗马城就不幸地死去了。伯格雷德的妻子艾斯维莎（Elswitha）先是逃到韦塞克斯，随后又到了罗马，但没能走得更远，最终死在了帕维亚（Pavia）。维京人再次选立了一位傀儡代理人科伍尔夫（Ceowulf），《盎格鲁-撒克逊编年史》中鄙夷地称他为"国王的塞恩，没什么智慧"。

不过，接二连三的祸事的确带来了一个好处，那就是伯格雷德和韦塞克斯的埃塞尔雷德达成协议，决定在英格兰——或者应该说是英格兰还未被侵占的地区——首次发行通行货币：银便士。所以，虽然维京人在这片土地上肆意劫掠，践踏着每一个他们见到的英格兰人，但至少这里的人不必再承担货币兑换时产生的亏损了。[15]

现在，只有韦塞克斯王国还保持着独立的地位，公元870年末，"维京雄狮"抵达雷丁（Reading）——位于最后一个未被征服的王国境内。

第7章

vs.

最后的王国

Alfred the Great and England
in the Dark Ages

韦塞克斯王国建立于519年，建立者瑟迪克据说曾在巴顿山之役中与亚瑟交战，尽管瑟迪克是个凯尔特风格的名字，而他自己可能拥有一半布列吞血统，如果历史上确有其人的话。到9世纪为止，有关韦塞克斯的记录都很少，只有一处记载说这个国家曾有一位女性统治者——女王西柯斯宝（Seaxburh），她在位的时间只有一年。

韦塞克斯王国最著名的国王大概是伊内，他于696年登上王位。罗马的撒克逊学校可能就是在他的支持下建立的（但也可能是奥法的功劳）。在伊内统治期间，南安普敦［或称哈姆维克（Hamwic）］成为著名的城市，尽管以后世的标准来看它仍然规模很小。最重要的是，伊内还在694年颁布了法律，这是除肯特王国的律法之外第一部用英语写成的法律法规，阿尔弗雷德大帝后来引用过它。伊内在韦塞克斯首次发行了硬币。这个王国在英格兰南部逐渐发展壮大起来，在这个时期，肯特王国处于韦塞克斯统治之下。有一次伊内的弟弟被一个肯特人杀了，肯特国王维特雷德不得不向伊内赔付了一笔罚款。到了后来，伊内大概厌倦了国王的这些事务，选择主动退位，自己去罗马朝圣，并定居在了那里。

  与其他大一些的王国一样，韦塞克斯也面临着国内的矛盾冲突。阿尔弗雷德的祖父埃格伯特在802年登上王位。此前16年中，他都在为此谋划努力。他大部分时间生活在查理曼的宫廷中，在那里，他目睹了查理曼大帝如何抵御维京海盗的攻击。802年，他最大的竞争对手贝奥赫特里克（Beorhtric）去世了，埃格伯特及时站了出来，宣布自己为新的国王。

  贝奥赫特里克一直被视为麦西亚的棋子，而他又错误地迎娶了国王奥法的女儿——"控制欲极强且恶毒阴险"（阿塞尔这样形容）的艾德博（Eadburg）。威尔士人还记录道："当她赢得了国王的情谊和掌控全国的权力之后，立刻表现得像个暴君一样，有如她的父亲——凡是丈夫喜欢的人她都憎恶，做出的事情人神共愤，在国王面前谴责所有她能想到的人。"她还开始毒害他人。最后她决定对丈夫最得力的臣子下手，因为自己不喜欢他，结果却失手将国王也一起害死了。艾德博只好投奔法兰克国王查理曼，查理曼给了她两个选择：嫁给自己或自己的儿子（可以推测，艾德博在向查理曼交代自己第一段婚姻是如何结束的时候，并没有告诉他全部真相）。愚蠢的艾德博选择嫁给了查理曼的儿子，对此查理曼回应道，这个问题只是个玩笑，"你不会嫁给我们中的任何一个"，并把她送去了一所修道院。即使这样她也没能停止继续作恶，她"与同族的男人①"产生不正当关系，因而被女修道院开除，在帕维亚"耻辱地度过了余生，始终活在贫穷和痛苦中"。尽管这个故事听起来有些让人难以置信，但事实上可能的确如此，因为帕维亚就在去往罗马朝圣的路线上，很多英格兰人会路过那里。

由于艾德博带来的恶劣影响，之后韦塞克斯国王的妻子不被称为王后，也不允许坐在王座上，这在欧洲非常罕见。阿塞尔评价这是"不合常理、惹人憎恶的习俗，与所有日耳曼民族的习惯背道而驰"。

国王埃塞尔伍尔夫

一直到9世纪，韦塞克斯在英格兰历史舞台上的戏份都不是很多，直至麦西亚因为王朝更迭国力下降，韦塞克斯的地位才有所上升。821年，麦西亚国王科恩伍尔夫（Coenwulf）去世，他的儿子塞恩赫尔姆（Cynehelm）不久后被满怀妒火的姐妹谋杀而死。尽管那时有许许多多的国王互相争夺不休，使得英格兰早期的历史混乱不堪，但麦西亚国内的家族斗争还是比较容易弄清楚的，因为在参与斗争的这

---

① 指英格兰人。——译者注

几个家族王朝中,第一个家族的成员名字都以字母"C"开头,第二个家族的成员名字皆以字母"B"开头,第三个家族的成员名字都以字母"W"开头,最后一个家族的成员名字皆以字母"L"开头。825年,国王埃格伯特在位于今天威尔特郡的艾伦杜(Ellendum)战胜了麦西亚的贝恩伍尔夫(Beornwulf),在中部地区继续进军,越过了泰晤士河,接下来还要征服肯特、萨利(Surrey)、苏塞克斯和埃塞克斯。当韦塞克斯国王向约克郡南部的多尔(Dore)发起远征时,远在诺森布里亚的国王伊恩雷德(Eanred)都对他致以敬意。所以,829年,埃格伯特成了第八位也是最后一位英格兰共主,为表庆祝,他命令伦敦铸币厂制造了以他为图案的硬币。伦敦本是麦西亚的一座城市,第二年,他就在麦西亚扶植了代理人,自己成为麦西亚的幕后国王。同年,威尔士也自愿归附。当埃格伯特于839年去世之后,他的儿子埃塞尔伍尔夫顺利继承了王位——那时的埃格伯特已经登上权力顶峰,可以确信不会出现任何乱子来影响自己的安排。

在很多历史学家眼里,埃塞尔伍尔夫有些过于圣洁和热心宗教了,他对战争毫无兴趣,尽管《编年史》中记录,他曾于851年在伯克郡(Berkshire)的阿克力(Acleah)击败过维京军队,"取得了迄今为止我们所知的所有对异教徒的战争中,最大规模的一次屠杀般的胜利"(要补充的是,这些记载因赞美之词过于夸张而饱受怀疑)。

埃塞尔伍尔夫身边的朋友也都是非常虔诚的基督徒,这也影响了他的儿子。他的朋友包括温切斯特主教圣斯威辛(St. Swithun),其人谦虚低调,旅行时都不愿意骑在马背上,而宁愿用双脚一步步走,但为了避免人们认为这是在虚伪地作秀,他只在晚上旅行。斯威辛死于860年,在他死后,留下了这样的传说:若是在他的纪念节日这天下了雨,那么就预示着接下来的这个夏天天气将十分恶劣,并伴随着强降水。这个观念最早形成是因为在971年7月15日的那个周六,主教埃塞沃尔德(Ethewold)将圣斯威辛的遗体从温切斯特的旧敏斯特教堂移至室内一处圣殿当中,这时突然起了一阵狂风,被看作是斯威辛不开心的叹息;接着就形成了某种迷信,认为凡7月15日这天下雨,那么接下来40天全英格兰都会下雨(通常还真的会如此)。另一位英格兰主教舍伯恩的埃尔斯坦(Eahlstan of Sherborne),曾帮助年轻的埃塞尔伍尔夫出征肯特,似乎还在战斗中充当了领袖,这在那时的教会人士中可不常见。

埃塞尔伍尔夫继位时有两大抱负:一是去罗马朝圣,瞻仰遗迹;第二个则来自他的一段梦境,他在写给法兰克国王的信中曾提及。[1]这封信本意是询问法兰克境内的安全运输路线,但埃塞尔伍尔夫在信中讲到了自己的一个梦:他梦见了一位神父,而这位神父正是他自己。梦中,一个男人将他带到了一个未知的国度,那里的建筑令人惊叹。他们进入了一座美丽的教堂,男孩们在里面读书,当他们看向这些书籍时,发现书上的文字是用黑色墨水和红色的血交替书写而成的。他忙问这是怎么回事,带他来到此地的人回答说:"你看到的这些书上的血字是基督信徒们所犯的各种罪行,因他们根本不愿意服从'神'制定的法则,也不愿恪守戒律。这些男孩们在这里捧着书漫步,看起来像是在读书,实际上他们是圣徒们的灵魂,日日哀悼教徒犯下的罪行和过错,以此来为他们求情,使他们终于有一天能够幡然悔悟。"那么,这个梦境概括来说就是,埃塞尔伍尔夫去法国度假了。

度假的这段时间很长,在这期间,他有了六个孩子。按照家族的优良传统,这六个孩子分别取名埃塞尔斯坦(Æthelstan)、埃塞尔维斯(Æthelswith)、埃塞尔博德(Æthebald)、埃塞尔伯特(Æthelberht)、埃塞尔雷德(Æthelred)和阿尔弗雷德。"埃塞尔"(athel)意为王子或王位继承人,但最小的这个孩子名字却与前面的孩子不同,按字面意思理解,他的名字意为"精灵的忠告","精灵"被视为一种非常富有智慧的生物。[2]

埃塞尔维斯是六个孩子中唯一的女孩,她在853年嫁给了麦西亚国王伯格雷德,就是那个最后死在帕维亚的悲惨王后。埃塞尔伍尔夫在位期间,他的前三个孩子都已经长大成人,成为战士,而埃塞尔雷德和阿尔弗雷德年龄要小很多。(这个时期的历史相当含糊不清,埃塞尔斯坦可能是埃塞尔伍尔夫第一段婚姻产生的孩子，或者也可能是他的弟弟。）

埃塞尔伍尔夫的第一任妻子死后，他在去法国旅行期间续弦了法兰克的朱迪斯（Judith of Francia）。那时的埃塞尔伍尔夫年龄约在55岁至60岁之间，而朱迪斯可能只有13岁或14岁，几乎可以肯定，他们并不是因为爱情而结合。埃塞尔伍尔夫可能是想要争取法兰克人的帮助，以对付可能发生的维京入侵——那些年维京人入侵的次数越来越多。这桩婚姻发生时，埃塞尔伍尔夫刚刚带着自己的小儿子去罗马朝圣完毕，正在从意大利返程的途中。这个时期维京人活动愈加频繁，使得历史学家们认为，这一趟旅行是他荣耀生涯中的一处黑点，如同一个中年男人将还贷和照顾孩子的重担统统抛给妻子，自己跑去泰国好几个月，就为了"寻找自我"。

幼年阿尔弗雷德

849年，正是维京人占领伦敦的这一年，埃塞尔伍尔夫最小的孩子出生于贝克郡万塔吉（Wantage）以西50英里的地方，此地得名于这里的一片树林，许多黄杨属的树木生长于此。阿塞尔在为阿尔弗雷德所作的传记中用卑微的语气写道，阿尔弗雷德的母亲奥斯布（Osburh）是个"最虔诚的教徒，她的品行和出生都是如此高贵，她是奥斯拉克的女儿，而奥斯拉克则是埃塞尔伍尔夫手下著名的管家"。这里的

"管家"（butler）可能是比现代意义上的家庭总管要重要得多的职务，更像是权力缩小版的首相一职。奥斯拉克的祖辈可能是从瑟迪克那里得到怀特岛封地的哥特人或朱特人，而正是他们在怀特岛上一个叫"惠特加拉比"（Wihtgarabyrig）的地方杀死了最后一批布列吞人。

由于阿尔弗雷德从未被寄予当国王的期望，他成长的环境可能更加文雅一些，而不是接受传统的王室训练，让他学习如何用刀剑拼刺，或是如何在吃鸡翅膀时放声大笑。他从小接受的教育培养了他对文化的兴趣，尽管他可能直到成年才能够独立进行阅读。阿尔弗雷德请人所作的传记中曾记载，10岁左右的时候，他就在一次背诵诗集的比赛中战胜了三位哥哥。尽管那时他还不能自己阅读，却会让人朗读给他听，直到自己熟记于心。

也许命中注定要皈依基督教，阿尔弗雷德小的时候就进行过两次去往罗马的朝圣之旅。对于小孩子来说这是一段非常危险的旅程，如同今天带着自己的孩子们去动荡之地度假一样。

这时的罗马已不是过去那个辉煌的帝都。到阿尔弗雷德的时代，这个旧时拥有百万人口的大都市人口已经锐减至3万，尽管比起世界上的其他城市来说，罗马仍是一座大城市。那时的伦敦仅仅容纳1000人，韦塞克斯最大的城市南安普敦甚至更小。

第7章 最后的王国

阿尔弗雷德的第一次朝圣之旅发生于他4岁时，这显然给年幼的他留下了深刻印象，使他永远记得，基督教是与地中海文明相连的纽带，与其相关的还有一系列文化——哲学、法律，以及最重要的读写能力。根据阿尔弗雷德传记记载，教皇里奥四世（Leo IV）在阿尔弗雷德第一次去朝圣时就曾为他涂油，赠予他一件紫色搭配白色的斗篷以及一柄剑，昭示着他未来能够当上国王，并获得执政的光荣头衔。这个故事很美好，暗示着加冕称王是阿尔弗雷德的宿命，但很可能并不是真的，教皇可能仅仅只是为了确定阿尔弗雷德对于基督教的信仰，毕竟他有三个哥哥，他能当上国王的概率实在小之又小。这个故事还告诉历史学家们，教皇们在派送这些罗马饰品和头衔时，是非常慷慨大方的，这一点似乎令蛮族来访者们印象深刻，但实际意义可能并不大，放在今天不过相当于"我爸爸去罗马，给我带了件T恤回来"。

接下来的两年中，阿尔弗雷德失去了自己的母亲；856年他6岁时，第二次去了罗马，这一次是与他的父亲一起去的——埃塞尔伍尔夫在这一年的10月1日迎娶了法兰克的朱迪斯。法兰克王宫对撒克逊来访者而言可能有些令人生畏，它足有几百英尺长，四周有圆柱形石塔保护，墙壁上刻着基本信条和巨幅雕像，还有大理石镶嵌而成的图案，以及镀金的家具（那时英格兰境内除了罗马遗迹以外，还没有出现其他的两层建筑）。

当埃塞尔伍尔夫在海外旅行时,一件"丢脸的事情"发生了。他在世的孩子中,年龄最大的埃塞尔博德正与自己的主教埃尔斯坦(Ealhstan)及郡长伊安伍尔夫(Eanwulf)一起,策划谋反国王的行动。他们原本计划将老头子驱逐出境,"但'神'不会允许,整个不列颠的撒克逊贵族们也不会同意",阿塞尔记载道。当埃塞尔伍尔夫回国之后,他任命埃塞尔博德掌管王国西半部,阿塞尔称这一举动是作为一个父亲,对自己"邪恶而贪婪的儿子"所做出的"难以想象的容忍"。

埃塞尔伍尔夫最终于858年去世。他一生虔诚信教,曾"嘱咐自己的继承人,在审判日到来前,自己的遗产中每十海德①土地上,至少有一个穷人(不管是本地人还是外来者)能够得到足够的食物、饮水和衣物。"埃塞尔伍尔夫的遗嘱还包括一项条款,即每年复活节前向罗马交付"300曼珠"(mancuses,一种黄金的重量单位),以用来购买教会用的灯油。

他的长子阿塞尔斯坦曾被任命为肯特国王,这意味着后者将统治韦塞克斯的一小部分,以为将来统治更大的国土做准备。不过阿塞尔斯坦在851年左右就去世了,至少他的名字再没有被提及过,所以我们可以假定他是去世了。于是接下来,在858年,忘恩负义的埃塞尔博德继承了王位,新

---

① 海德(hides),古时英格兰土地计量单位,1海德=120英亩。——编者注

国王很快就在选择妻子一事上让王室大吃一惊。阿塞尔写道:"国王埃塞尔伍尔夫一死,他的儿子埃塞尔博德就违背了'神'的禁令和基督徒的尊严,同时,他的行为也不符合任何旧教的传统——他抢过父亲的婚床,迎娶了自己的继母朱迪斯。"公平地讲,朱迪斯与埃塞尔博德的年龄可能更接近些(毕竟她的前夫当时可能已经老了),而且作为一个能够为双方带来好处的联姻对象,朱迪斯能为英格兰带来很大的利益,而年轻的国王又还是单身。但出于某些原因,没有人赞成他们的婚事。

不管什么原因,这段婚姻没能实现,在经历了"两年半的非法同居"(爱批评埃塞尔博德的阿塞尔这样说)之后,国王终于屈服了,最终朱迪斯被迫回到了法兰克。在等待父亲为自己寻找下一任丈夫的时间里,朱迪斯与鲍德温(Baldwin)私奔了,鲍德温是佛兰德公爵、法兰克国王口吃者路易(Louis the Stammerer,他很容易紧张,最终在迎战维京人的征途中生病去世)的弟弟。后来,朱迪斯的父亲同意了她的私自决定,朱迪斯和鲍德温生育了两个儿子,从此快乐地生活在一起——至少以那时的标准而言,他们过得足够幸福。

阿尔弗雷德的第三个哥哥埃塞尔伯特活得更长一些,直到865年才因病去世,9世纪时恐怖的疾病带走了很多人的生命。也许他是幸运的,因为正是那一年,维京人再次发起了对英格兰的大规模入侵行动。

一个糟糕的开始

与此同时，阿尔弗雷德已经到了足以成为一名战士的年纪，他身强力壮，是一名合格的战士，尽管他真正的兴趣是文化学习，而非战斗。从小时候起，阿尔弗雷德就是一名非常虔诚的信徒，根据阿塞尔记载，当他"青春期第一次高潮时"，就为自己的欲望感到痛苦折磨，"当他意识到完全无法克制自己的欲望时，很害怕上天不再喜欢自己"，他甚至祈祷，希望能让自己患上某种轻微的病症，以病痛来保持思想的纯洁。"当他无比虔诚地这样祈祷了多次之后，终于得到了上天的礼物——染上了痔疮。"

由于阿尔弗雷德大部分时间都在马背上度过，这个疾病一定让他很不好过。于是他再次祈祷，希望老天带走这个病，他的痔疮便又痊愈了。不过很快，更糟糕的事情发生了。868年，阿尔弗雷德19岁时，迎娶了麦西亚公主艾尔斯维斯（Eahlswith），但据阿塞尔描述，婚礼的那一夜，"他染上了更加严重的疾病"，被一阵剧烈的痛苦击倒。没人知道他得的是什么病，这个病症持续了20年，据阿塞尔记载，"很多人声称，这是阿尔弗雷德身边的小人通过符咒和巫术施加到他身上的",要么这就是"魔鬼"的杰作,或是"凶眼"[①];他甚至推测说,也可能是"痔疮"复发了。历史学家们认为,阿尔弗雷德患的可能是克罗恩病——一种消化道内壁疾病,会导致肠胃剧烈的疼痛。

最后,阿尔弗雷德前去康沃尔向圣尼奥特(St. Neot)祈祷,圣尼奥特是前不久去世的一名当地圣徒,据说他身高4英尺,放弃了世俗生活而选择成为一名隐士。于是阿尔弗雷德的疾病得到了治愈,但那时他已经45岁,这个疾病已经伴随他度过了整个成年时期,事实上他的生命只剩下四年左右了。不过,总比没有治愈要好得多。

维京人在871年袭击韦塞克斯,西部的撒克逊人在阿什当战役(Battle of Ashdown)中与维京人正面交锋。阿尔弗雷德在这场战役中几乎丧命,因为他同样虔诚的哥哥埃塞尔雷德当时正在做祷告,耽误了到达战场的时间。尽管另一些资料中记载说,是阿尔弗雷德鲁莽地提前开始战斗。战斗以一株荆棘树为中心展开,双方军队各列一边,互相压迫阵型,刺穿敌人,最终撒克逊人获得了胜利,5位维京贵族领袖丧命于此,哈夫丹撤退到雷丁。不过在仅仅两周以后,维京人就在贝辛(Basing)赢得了另一场战役的胜利。几周后,国王埃塞尔雷德在复活节当天去世,他可能是由于受伤未愈

---

① 凶眼(The evil eys),当时英格兰民间传说的一种目视某人或某物而使之遭殃的"魔力"。——译者注

而死，也可能是死于那时各种困扰人类的糟糕疾病中的某一种。

这样，阿尔弗雷德在871年4月23日登上了王位，这一年是异常紧张压抑的一年，一共发生了9场战役，丹麦人赢下了其中8场。严格来说，阿尔弗雷德其实不具有最高王位继承权，因为埃塞尔雷德两个儿子的继承权理应更加优先，但在盎格鲁-撒克逊时代，并没有这样严格的长子继承制度，只有一群同样拥有继承权的男性，统统被称为"埃塞尔"。阿尔弗雷德这时已经经历过战争的洗礼，这一点在这个特殊的历史节点显得至关重要，尽管这时他身边的人还看不到什么胜利的希望。

他的统治有一个糟糕的开始：一支新的维京军队出现了，就是所谓的"维京雄狮"，他们与哈夫丹的军队联合起来，在威尔特郡的威尔顿（Wilton）击败了阿尔弗雷德。阿尔弗雷德只得向维京军队首领交付了一笔金钱以换取他们离开，这是英格兰人在对付海盗时常用的策略，也就是后来常说的丹麦金（Danegeld）。这种阿尔弗雷德使用过的硬币时不时在各处被发现，它们被贮藏在克里登（Croydon）、格雷夫森德（Gravesend）或是伦敦中心的滑铁卢大桥下面。

873年，维京人在今天诺丁汉郡的雷普顿（Repton）建立了冬季大营，这里曾经是麦西亚王室停棺之地，也曾是一座修道院的所在地，尽管有说法称许多维京人与僧侣们一起被埋葬在这里。在此地发现的260具遗骸中，大部分都是男性尸骨，其中45%是头部被砍断而死的。所有的骸骨都围绕着一副巨人的骸骨而放，据1686年发现它的农业工人称，这个巨人足足有9英尺高，但其骸骨在发现之后就失窃了。[3]这名工人可能所言不实。

雷普顿也是当地战士们最后安息的地方，后来发现的一具尸体给了我们一些线索，向我们展示了旧式的维京观念中是如何看待男性气概的。这个不知名的战士年纪大约在35岁至43岁之间，在他死后，某些器官被移除——这是中世纪战争中比较普遍的做法——然后，维京人将野猪的尖牙放在他双腿之间，并埋葬了他。（这名雷普顿战士甚至有可能就是伊瓦尔，因为他就是大约在这个时期去世的，死状据说非常可怕。）

到874年，维京人已经在诺森布里亚、东安格利亚和麦西亚完整地建立起自己的统治秩序，这使得他们对最后一个撒克逊王国的征服变得更加简单了。翌年，维京人开始安置已掌控的土地，将北部和中部的部分土地划分给支持者们，建立了农场，并将女人们从家乡接了过来。似乎丹麦人马上就要击败撒克逊人，将英格兰的全部土地据为己有，一如撒克逊人曾经对布列吞人所做的那样。

同年（875年），一名叫古瑟鲁姆（Guthrum）的维京军事统领在剑桥召集军队，对韦塞克斯发起了又一次袭击。然而，就在他越过韦塞克斯边境时，却被一支撒克逊军队包围了，他被迫答应不再入侵，才得以从围困中捡回一命。不过显然，尽管他对旧神起了誓，却没能信守自己的承诺，他将军队调往埃克塞特，等待丹麦舰队登陆增援。

876年，阿尔弗雷德在多塞特郡（Dorset）的韦勒姆（Wareham）与维京人讲和，据阿塞尔记载，（维京人）"再一次背信弃义……他们毫不在意人质的死活，无视自己立下的誓言和以信仰为担保的许诺，他们违背了和约"，古瑟鲁姆杀死了所有阿尔弗雷德交换过去的撒克逊人质。对维京人而言，基督教徒观念中的战争法则毫无意义，对基督发下的誓言无非是外国人的一通瞎嚷嚷。相反的是，尽管维京人一而再再而三地违背誓言，基督教世界的领袖们却似乎一直在要求他们起誓和接受洗礼，希望他们终有一日能窥见光明，即使这希望非常渺茫。

不过，神圣的正义似乎的确存在。当维京军队在埃克塞特登陆时，他们被一阵暴风逼退，在风暴中有120艘船只遭到毁坏，3600余名士兵丧生。（再次对数字的真实性表示存疑，这个死亡人数似乎有些太多了。）

尽管如此，到877年末，阿尔弗雷德几乎已经走投无路了。丹麦人占领了埃克塞特和格洛赛斯特（Gloucester），深入韦塞克斯内部，并且坚决拒绝撤退，连赔付金钱都无法动摇。878年1月6日的主显节前夜，入侵军袭击了王室最后的大本营齐普汉姆（Chippenham），几乎杀光了所有人。最后的英格兰国王差一点也命丧于此，他赶在古瑟鲁姆找到自己之前逃了出来。丹麦人很可能得到了韦塞克斯宫廷内部某些人的帮助，因为许多贵族已经认定阿尔弗雷德会失败，他们想站在胜利者的一边。

落　难

阿尔弗雷德逃到了荒芜的阿塞尔内岛（Isle of Athelney），这是盎格鲁-撒克逊人的最后一处避难所，这段时期无疑是他统治生涯中最低落的一段日子。英格兰的大部分土地是天然的沼泽地，包括中部和西南部的许多区域，9世纪时，萨默塞特郡的这片地区要么是水域，要么是沼泽。阿尔弗雷德和他仅剩的一批追随者们在这里扎下了根，度过了一生中最低谷的时期。尽管还不满30岁，他的身体已经很不好，被这极度严峻的生活打垮了。关于阿尔弗雷德大帝最著名的故事也正是发生在这个时期：他穿着平民的服装在树林里漫步，来到一个穷苦女人的房子，女人请他坐在火边取暖，并照料烘烤中的面包（或是蛋糕）。女人并不知道他的身份，以为只是丈夫带回来的随便一个农场工人，来家里干点什么农活。阿尔弗雷德显然有自己的心思，没法全心完成女人交给他的任务，于是面包着火了，穷苦的女人责骂了他。

这个故事可能是捏造的，但道理却很明白：阿尔弗雷德是个好小伙，他接受了女人的批评，而没有告诉她自己其实在思考比她的面包更重要的事情，比如击退维京人。这个故事首次出现于10世纪，稍晚于此事发生的时间，似乎显得比较可信，而且这是唯一一个细节详尽，但又不是出自王室"公关部门"的故事（另有一个故事讲，他装扮成一个吟游诗人进入维京军队营地）。无论如何，阿尔弗雷德和面包（蛋糕）的故事成了著名典故，出现在维多利亚时期的历史书籍里，还配上了插画，画上是这个认真严谨的英国人正在集中精力思考重要的国家大事，而角落里的女人在为一些鸡毛蒜皮的小事喋喋不休。

据传说，在那段最黑暗日子里，死去的圣徒们也来拜访过阿尔弗雷德，其中包括圣斯威辛，这是他小时候就熟悉的人物。还有一个故事讲到，阿尔弗雷德遇到一个穷人向他讨要食物，尽管自己都穷得过不下去，阿尔弗雷德还是将仅剩的一点食物分给了他。乞丐于是揭晓了自己的身份，原来他正是7世纪时著名的圣徒——林迪斯法恩的卡斯伯特（Cuthbert of Lindisfarne）。卡斯伯特的地位相当崇高，人们相信，任何对他的名声有所不敬的人都会遭到癫狂的折磨，并且散发出"难闻的恶臭"，[4]甚至连维京人在进入诺森布里亚之后都小心翼翼，不敢亵渎他的圣祠。

圣徒为了回报阿尔弗雷德的慷慨，给了他一些策略性建议,并告诉他:"整个阿尔比恩都属于你和你的后代。"

怀疑论者可能不会相信这个故事的真实性,但阿尔弗雷德对这位诺森布里亚最重要的圣徒崇拜有加,显示了他将盎格鲁-撒克逊的遗产收复回来的热切渴望。他要拯救的不仅仅是韦塞克斯,而是整个英格兰。

阿尔弗雷德灰暗的人生中终于出现了一丝幸运的曙光。878年初,就在国王被古瑟鲁姆的大军围困之时,德文郡的一支由郡长(当地土地所有者的头领)奥达(Odda)率领的撒克逊军队也遭遇了维京军队的堵截,地点在康蒂斯伯里山(Countisbury Hill),而敌方首领则是令人闻风丧胆的疯子乌拔。乌拔是拉格纳的三个儿子之一,他率军在林茅斯(Lynmouth)登陆,发现郡长奥达已经陈兵在岸边备战。韦塞克斯的士兵大部分都是佃农或自耕农,他们拿的武器是手边常用的农具,当他们看到眼前出现的维京大军时,几乎快被吓坏了。在开战前,乌拔可能还升起了乌鸦旗[①],上面有"神圣的欧丁、上绞刑架的主,以及众神之父"的字样。这是他的姐妹们编织的旗帜,本以为在战争胜利之前都能稳稳地飘扬在战场上方,不过却不小心被挂歪了,随之而来的便是一场失败。这天的预兆对乌拔来说本来是极好的——旗帜飞扬

[①] 乌鸦旗(Raven banner),9~11世纪时许多斯堪的纳维亚军事首领在战时喜爱悬挂的旗帜,常为三角形,绘有北欧风格的自然图腾,边角包圆,下面挂一些条标或流苏。——译者注

起来了。丹麦人预料撒克逊人会留在山上等待情况好转，于是包围了山脚，想等待他们的粮草消耗一空。所以，当奥达率军从山上冲下来的时候，维京人大吃一惊，他们损失了1200余人（再次提醒，数字可能有误），首领乌拔也就此丧命。

接下来，就是阿尔弗雷德最好莱坞式的历史镜头了。盎格鲁–撒克逊社会的习俗是，所有自由人在接到征召时，都必须拿起武器组成民兵团（fyrd，一种传统的盎格鲁–撒克逊军事组织），为他们的领主而战。民兵团的历史可以追溯到最早的撒克逊王国，到诺曼征服以后，这个系统的适用范围进一步扩大。

整个冬季，国王派人在韦塞克斯还未被侵占的土地上散播消息：所有成年男子必须在878年3月4日至10日之间，也就是复活节之后的第七周，于威尔特郡的埃格伯特石（Egbert's Stone）集结。就这样，在经历了数个月的躲藏、孤立无援、圣徒的造访以及被女人责备之后，阿尔弗雷德终于到达了这个指定的地点，见到了从萨默塞特、威尔特郡和汉普郡赶来的民兵们——足有成千上万人。据阿塞尔记载："当他们见到国王的时候，毫不怀疑地接受了他，如同经历了巨大苦难的人重拾了对生活的信念，他们感到了无比的快乐。"有人推测，此时国王可能做了一番慷慨激昂的演讲，以振奋人心。

爱丁顿战役

关键的一役发生于878年5月12日，地点在伊赞杜姆（Ethandum），这一战通常被后世称为爱丁顿战役（Battle of Edington），因为很多人以为战争发生在爱丁顿这个村庄。中世纪早期的战争通常都是双方陈兵战场两端，进行密集阵型的迎面冲锋，打头的士兵各自手持盾牌，并疯狂试图从对方的盾牌墙中找到空隙刺中敌军身体，后方的大部分士兵则提供支援以及保护侧翼，就像是在一场极其残酷的橄榄球比赛中进行并列争球，只是双方拼抢的是将长矛刺向对方的脸。战斗一般以剑敲击盾牌的声音为开始信号，士兵们在此时做好战斗的心理准备，接着是稍远距离的标枪投掷，然后就是互相冲锋、近身肉搏。

阿塞尔在《阿尔弗雷德的一生》（*Life of Alfred*，后文简称《一生》）中记载，撒克逊人在爱丁顿战役中"作战勇猛，树立起了密不透风的盾墙，抵挡住了异教徒军队的全部进攻，他们坚持了下来……最终他（阿尔弗雷德）赢得了胜利。他用一场屠杀颠覆了强大的敌方军队，并狠狠打击了逃兵，一直追击他们到边境要塞。"

不幸的是，爱丁顿战役发生在中世纪早期，其具体细节我们一无所知，只知道许多战士悲惨地死去。即使不能说所有，但也要说这个时代的许多战争我们甚至无法得知其发生的具体地点，就连1066年之前英格兰历史上最重要的一场战役——发生于937年的布鲁南堡之战（Battle of Brunanburh），其促成了英格兰的统一——也有40个可能的战场地址，分布在从默西塞德郡（Merseyside）到苏格兰边界的各个地方。而爱丁顿的具体位置，则可能在四个不同的郡。

爱丁顿战役进行到最后时刻，剩下的小批丹麦军队集中在小山顶端，两周以后，这些残部迫于饥饿全数投降。在投降协议中，古瑟鲁姆被迫同意交出一些之前抓获的人质——这些撒克逊人质本来很有可能会被维京人杀死，这是古瑟鲁姆可能会做的事，但阿尔弗雷德的仁慈救了他们。阿塞尔写道："当国王听闻使者汇报时，不禁（依着他一贯的性情）感到一阵动容，于是想办法将尽可能多的人质要了回来。"阿尔弗雷德一切所作所为，都是以他所信仰的教义为宗旨的。

按照双方订立的协议，丹麦人占有东安格利亚、诺森布里亚和麦西亚东部，并承认阿尔弗雷德在韦塞克斯和中部地区的西半部掌握统治权。英格兰从此一分为二，曾经似乎是天命之族的盎格鲁-撒克逊人，如今掌握着惠特灵大道以西的所有土地——惠特灵大道是旧时的罗马大道，从伦敦一直延伸到北境的威尔士。

古瑟鲁姆依照协定同意接受洗礼，奇特的是，他的教父竟然是阿尔弗雷德（这样的话，古瑟鲁姆几乎不可能收到任何生日贺卡，除非上面写着："祝你有个快乐的生日宴会！然后离我的国家远远的！"）。这其实并不仅仅是阿尔弗雷德逼迫古瑟鲁姆的结果，也是因为古瑟鲁姆自己认为，阿尔弗雷德的胜利能够证明，自己的"神"也并不是之前以为的那么弱小，如果他们自己能少用一些"血鹰"之类的把戏，说不定还能帮他们赢得战争。庆祝古瑟鲁姆受洗的宴会持续了12天，英格兰人为了表示庆祝，又画了另一幅关于马的壁画。

　　阿尔弗雷德终于得到了喘息之机，他充分利用了这个机会。后来的事实证明了这一点，885年古瑟鲁姆卷土重来，再次发起侵略战争——他可做不到安分守己——但是被阿尔弗雷德轻松击败。这是因为，在这段休战时期，阿尔弗雷德没有一刻松懈，他为这个运转中的政体完成了最初的基本制度建设。

Saxons vs. Vikings

第8章

阿尔弗雷德大帝

Alfred the Great and England in the Dark Ages

沉迷学习

埃塞尔伍尔夫的最后一个儿子击退了维京人，这本就足够让世人震惊了，但阿尔弗雷德想做的还不止于此，他有更远大的抱负，他希望为这个国家带来文明。他建立了英格兰第一套法律系统和教育系统，创建了一支海军，编织起城市网络，还设置了全国性的历法，让全国各地的人可以以统一的时间记录重大事件。

我们所知的有关阿尔弗雷德的信息大都来自阿塞尔，这名来自威尔士圣大卫修道院的修士，第一次到达韦塞克斯见到国王是在886年的某一天。他们相识的过程至今仍是个谜，但我们知道的是，阿尔弗雷德明显对阿塞尔印象深刻，还为他提供了一份工作。阿塞尔接受了这份工作，但也有自己的条件，即他每年只能在英格兰工作6个月，其余时间仍要回到威尔士。不过，阿塞尔还需要先回到自己的修道院取得院长的首肯,在离开苏塞克斯返回的路上,阿塞尔发烧病倒了,只能在温切斯特养病,花了一年的时间才恢复健康。后来他从同院修士那里得知,威尔士的民众生活之所以能过得不错,全靠阿尔弗雷德在一场漫长的内战中帮助了布列吞人,打败了国王海飞德(Hyfaidd)的军队——后者让他身边的所有人都过上了悲惨的生活。阿塞尔在887年接受了这份工作,同年阿尔弗雷德开始学习拉丁语。

《一生》是阿塞尔退休之后写给威尔士读者们的,这是我们从书中的内容可以推测的,因为阿塞尔在书中用威尔士语解释了一些英格兰城市的名字,如诺丁汉(他用威尔士语将其解释为"Tig Guocobauc",意为洞穴之地)。阿塞尔是这样介绍自己的君主的:"阿尔弗雷德,不列颠岛所有基督教徒的统治者,盎格鲁人和撒克逊人的国王。"介绍自己时则写道:"阿塞尔,上帝最低等级的奴仆,只愿自己的国王拥有"数千倍的财富"。显然,这部传记并不会包含太多的负面评论,歌颂的语调贯穿了这本大部头的著作,将阿尔弗雷德塑造成了历史上最优秀的人物。但这本书最后的结尾却很突兀,这说明要么是它最后一部分文字逸失了,要么阿塞尔还未完成它便去世了,也或许是他失去了耐心,直接放弃了,可能他觉得没人会对一个国王如何击退维京人的无聊故事感兴趣。

阿塞尔可以算得上是阿尔弗雷德公共关系团队中的一位

成员，他也得到了丰厚的报偿，其中包括"一件极其贵重的丝绸斗篷，以及一大箱做弥撒用的香，重量大概抵得上一个大胖子"。[1]（那时对胖子的定义可能与现在有区别。）

阿尔弗雷德令阿塞尔为他朗诵书籍，直到二十多岁自己学会了读书之后才结束，而在那之后，他又自学了拉丁语。在进行改革之前，阿尔弗雷德曾抱怨过，在泰晤士河以南生活的人中，没有一个能理解教会的语言，所以他就自己首先学习了拉丁语——这时他已经四十多岁了，按那个时代的平均寿命来看，已经是个老年人了。

阿尔弗雷德对于学习文化的执着程度，几乎与他对维京人作战一样让人印象深刻。他建立了分科教育制度，兴修学校，重建那些被荒废的学习场所。他要求地方事务官都学会读书认字，以便所有的事情都能够遵从安排，有秩序地进行。他还效仿法兰克创建了宫廷学堂，教导贵族子弟。

阿尔弗雷德亲自将一些最重要的书籍从拉丁文翻译成了英文，他认为这些书是文明人必须阅读的。他的首次尝试被称为"手册"（the handbook），名字如此简洁，却包含了许多拉丁书籍的译本，不幸的是，不久之后这套书就失传了。在他翻译成英文的书籍中，最重要的包括比德的《教会史》（*Ecclesiastical History*），还有教皇格里高利一世的《对话和宗教关怀》（*Dialogues and Pastoral Care*），这本书的英文版前言中写着："阿尔弗雷德翻译"。除此以外，他还翻译了奥罗修斯（Orosius）的《反异教史》(*Histories against the Pagans*)，这是西班牙修士在5世纪时写的一本著作，旨在反驳罗马衰落是由于基督教的论点（此论点算得上是这些年来出现的一种辩论术的原型了，这种辩论方法通常是用一段历史来证明作者的某种偏见）。阿尔弗雷德的译作中意义最为重大的当属波爱修斯的《哲学的慰藉》，这是作于6世纪的哀悼之诗，被看作古典时期的最后一部伟大作品，在这本书中，哲学家思索了"为什么上天会允许可怕的事情降临人间，以及应该如何在苦难中寻找快乐"。波爱修斯是罗马人，因为一些学究的理论观点而被哥特人抓进牢里，最终因此被处刑。与他相比，阿尔弗雷德的生活更像是摄政王一般。

与同时代的许多英格兰人一样，阿尔弗雷德也认为自己的国家正在衰退之中，他们将7世纪视为黄金时代，认为那时的国王"不仅在国内能够享有和平，树立起完整的道德规范和权威，还能向外不断拓展土地"。他可能对7世纪的情况有所夸大，不过有一点是实实在在的，那就是维京人的入侵摧毁了每一座能够找到的修道院，英格兰人的识字率大大下降了。

为了改变这一状况，阿尔弗雷德从大陆雇用了许多人，以帮助英格兰人提高文化水平，还尽力从不列颠其他地方招揽学者。他建立了两座修道院，一座在阿塞尔内，并于885

年雇用了"老萨克森人约翰"（John the Old Saxon，意为他是从日耳曼的"老"萨克森地区来的）出任院长。约翰可能在阿尔弗雷德年轻的时候就教导过他，并有着严苛训导的名声，不知什么原因，约翰始终与院中的牧师和执事关系不睦，这二人都是来自高卢的修士。他们在另外两名高卢奴隶的帮助下，策划了一起对约翰的谋杀，预备在约翰从教堂回家的路上将他杀死。他们的计划是先在圣坛杀死院长，将尸体扔在一家妓院门口，造成他是在去妓院的路上被杀害的假象。这是一个非常狡诈的计划，不过却在实施的时候发生了如同20世纪80年代的动作电影中经常出现的那种戏剧性转折，事实证明，如阿塞尔所说，约翰是一个"常年保持着敏锐洞察力的人……同时在搏击方面也有一定经验"。尽管在打斗中受了重伤，老萨克森人却活了下来，并通知了当地官员，在一番调查之后，四名行凶者"在各种刑罚的折磨中痛苦地死去了"。另一名修道院院长苏格兰的约翰（John the Scot）是877年从法兰克请来的，他被自己的学生们用金属笔刺死了。[2]

为了尽可能地鼓励更多有学问的人来韦塞克斯定居，阿尔弗雷德在他能够触及的最大范围内延请了"几位泰斗级学者"，包括高卢的格鲁姆巴德（Grumbald of Gaul）和名字有些不幸的威尔伍尔夫（Werfwulf），后者是普利古（Plegum）的主教。阿尔弗雷德终其一生都沉迷学习，阿塞尔写道："不管白天还是黑夜，他都在抓紧一切时间学习，他曾经叫人在自己面前大声朗读书籍——如果没有这些给他念书的人，他决计一刻也不能忍受——这样一来，他几乎对所有的书籍都有了个囫囵的印象，尽管他这时还不能完全理解这些书里的知识。"阿尔弗雷德也命令他手下所有地方长官都学习读写，否则就得"立刻放弃他所拥有的世俗权力和职位"。

阿尔弗雷德最大的历史功绩可能就在于他开启了《盎格鲁-撒克逊编年史》的编写，这是在全国五个不同地方记录的年度大事记，所用的语言是英语，以便每个人都能够阅读和理解。这部书中记载了自盎格鲁-撒克逊第一次入侵以来，直到黑暗时代所有已知的历史，682年的记载是一个典型："这一年，森特温（Centwine）追赶布列吞人直到海边。"（森特温是韦塞克斯国王，我们所知的关于这位国王的信息，除了他最后选择退位做一名修士之外，就只有这一条记载了。）

《编年史》的记录一直持续到12世纪中期，后期的记载中有越来越多的内容是在讽刺新到来的诺曼领主。

《编年史》中最早的记录可以追溯到基督时期，不列颠土地上发生的事件是从亨格斯特和霍萨的到来开始的，接下来的记录里不仅包含重要的历史事件，还有最古老的英语散文。[3]这篇散文讲述了757年韦塞克斯国王基涅武夫（Cynewulf）在去找情人的路上遭遇袭击的故事〔故事中，基涅武夫与一名叫基涅赫德（Cyneheard）的战士所率的军队发生了战斗，最后双方首领和所有士兵全军覆没]。《编年史》中大部分记载都使用了悲苦的语调，贯穿在两个半世纪的字里行间中，其中高兴的时刻寥寥可数。例如：

> 851年　郡长科洛（Ceorl）带领德文郡的百姓与异教徒作战……屠戮数众，大获全胜……他们（丹麦人）摧毁了坎特伯雷教堂，将麦西亚国王布莱特武夫（Brihtwulf）和他的部队打得四散溃逃。
> 870年　丹麦人杀死了国王（圣埃德蒙），占领了所有土地，还摧毁了他们所经之地的全部教堂。
> 874年　他们（丹麦人）将国王博雷德（Burhred）驱逐至海边，占领了全部土地。

如果没有《编年史》以及阿尔弗雷德在文化方面所做的其他努力，我们对这个时代的了解将会更加匮乏。

当时西欧大陆的君主们仍然在享用罗马文明遗留下来的财富，而复兴罗马往日荣光的最好办法似乎就是通过他们的信仰。所以，阿尔弗雷德制定了惯例，定期向罗马教廷派遣使者。作为回报，882年，教皇马里努斯（Marinus）向阿尔弗雷德赠送了耶稣受难时倚靠的真十字架碎片（这是中世纪许许多多真假难辨的圣人遗物之一，据估计，仅是各地所谓的真十字架碎片，堆在一起也足够造三艘船了）。

世界眼光

阿尔弗雷德也是第一个拥有世界眼光的国王,他与法兰克结成联盟共同抵抗维京人,尽管法兰克人违背了诺言,允许维京人在自己的土地上安营扎寨。国王还为向印度传教提供了资助,甚至与耶路撒冷的统治者成了某种意义上的笔友。[4]

阿尔弗雷德将王室获得的税收一分为三。第一份用于军队和"塞恩"。"第二份分给他手下的匠人,这些能工巧匠掌握着所有的手艺。"阿赛尔还说,"阿尔弗雷德天性乐观,他将第三份收入分给了外邦人,他们的种族各不相同,来处或近或远,只要前来向国王乞讨施舍(甚至有些人并没有开口要钱),国王都会根据他们的境况给予一定的赏赐。"这种政策在现代社会肯定不会得到推崇——"任何出现在本国的外国人,我们都给予他们钱财"。不过,9世纪的英格兰饱受维京海盗的蹂躏,显然并不是一个受外国旅行者欢迎的度假胜地。

举例来说,《编年史》中891年的条目如下:"三个爱尔兰人乘小船从爱尔兰顺风而下,来到英格兰拜见国王阿尔弗雷德。他们连桨都没有。他们是偷偷离开爱尔兰的,因为他们信仰坚定,便开始了朝圣之旅,也不管目的地是哪里。他们乘坐的小船是用两张半兽皮制成的。"尽管这听起来既鲁莽又荒诞，他们仍然顺利地跨越了海洋，来到阿尔弗雷德的宫廷，向国王分享自己的故事，这在当时似乎已经是数年来朝堂之上发生的最令人兴奋的见闻了。爱尔兰有很多这样爱冒险的修士，热切渴望着也来一场说走就走的旅行，其中最著名的莫过于圣布伦丹（St. Brendan）。他曾召集一支由14名修士组成的小队踏上航程，最后他们在一个"充满金色火焰"的岛上登陆，可能是冰岛或亚速尔群岛（Azores）。这次冒险之旅开始时，布伦丹已是七十多岁，甚至可能是八十多的高龄老人了。

最终，这三个虔诚的爱尔兰人离开了英格兰，再次踏上去往耶路撒冷的旅程，没人知道后来的故事，也许他们遇到了糟糕的事情。另外有一次，一个名叫奥斯勒（Ohthere）或奥塔（Ottar）的挪威人来到阿尔弗雷德的王宫，他是从特罗姆瑟（Tromsø）附近来的，用他告诉阿尔弗雷德的话来说，那是"整个挪威的最北端"。奥塔非常富有，他拥有超过600头驯鹿以及其他一些牲畜，他告诉国王自己是如何从萨米族（Saami）那里收取贡礼的——萨米族就是生活在斯堪的纳维亚北部地区的驯鹿牧人。他还讲述了自己是如何在挪威的海岸边一路向北走了四天，直到海岸线折向南边，这样他就到达了欧洲大陆的最北端。接着他又向前走了五天，遇到了一群芬兰人。⁵这样冒险的行动似乎有些过于疯狂了。阿尔弗雷德的朝堂在那时非常国际化，容纳了"许多法兰克人、弗里斯人、高卢人、异教的丹麦人、威尔士人、苏格兰人和布列吞人"。[6]

"判决之书"

国王阿尔弗雷德还建立了英格兰历史上第一个全国性的法律体系，是古老的盎格鲁-撒克逊习惯法和圣经戒律混合的产物，被称为"判决之书"（Doom book，"doom"的意思是"法律"）。在这部法典开头的序言部分，阿尔弗雷德很自然地讲述了自己对《圣经》的思考——他从不放弃任何一个宣传宗教信仰的机会。阿尔弗雷德在自己的法典中提及了一些之前的国王，如肯特的埃塞尔伯特、奥法和伊内，以彰显整个盎格鲁-撒克逊的传承。

阿尔弗雷德还写道，没有任何一个英格兰人——不管他多么贫穷——可以脱离法律的约束："法律是非常公平的！不因贫富差异而区别对待，也不因敌友关系而有所不同。"自此以后，这成为英格兰习惯法的基本准则，也被后来的美国和其他英国殖民地采纳，成为它们法律体系的准则之一（尽管在实际操作中，这项准则并不一定完全正确）。

实际上，盎格鲁-撒克逊人有一套审判机制，在这套机制下，富人的命比穷人的命更贵重，他们用"赔偿金"

（wergild）来表示一个人的价值。赔偿金是一个人被杀或受伤之后他的家人应该从凶手那里得到的赔偿费用，衡量的标准是被害者的社会地位。（英文单词"werewolf"意为狼人、残忍狡诈的人，这个词就是从"wergild"演化而来的。）在赔偿金体系下，国王价值120英镑，相当于6名塞恩或36名农民，而布列吞人或威尔士人的价值则只有同地位撒克逊人的一半。这是由更远古时代的血亲复仇传统衍生出的审判机制——血亲复仇是指，如果有人杀害了你的兄弟，你就要杀死凶手，然后凶手的兄弟再杀死你，如此往复循环，持续数年乃至数个世纪。有些时候，身份地位比所处的社会阶层更重要：一个人若是"誓言可信者"，他就有资格在法院作证，而失去这个身份对他而言则是毁灭性的打击。

由于那时还没有监狱，大部分罪不至死的犯人都会被处以罚款或致残的刑罚。在阿尔弗雷德制定的法律下，触摸一个自由女性的胸部要罚款5先令[①]，性骚扰罚款10先令，强奸则罚60先令。其他一些更血腥的伤害应付的金钱赔偿则显得有些诡异：打架的时候砍掉对方的鼻子需赔付60先令，大脚趾则是20先令，小拇指的指甲只需1先令。但是，如果你的狗咬死了人，你只需交6先令罚金（再犯升到12先令，第三次则要交30先令——再往后势必就要变成一小笔不菲的费

[①] 先令（Shilling），在盎格鲁-撒克逊时期1先令大约相当于肯特郡一头牛或其他地方一只羊的市值。——编者注

用了)。如果你在伐木的时候,树木倒下来不小心砸死了人,你只需将这棵树交给他的家人作为补偿——这似乎算不上合理的等价交换。而意外刺死他人需交的罚金则完全取决于刺中时的角度,以判断其"意外"的程度。

在盎格鲁-撒克逊时代,居民每十户分为一组,他们有责任监督组内成员的行为,如果有人触犯了法律,其他人必须将他绳之以法。他们还需轮流组成一个100人的组织,负责追捕逃犯,这个组织发展到后来被称为"地方保安队"[posse comitatus,也就是西部地区的"民防团"(posse)]。他们负责执行法律,每个月聚会一次,并大肆饮酒,一位历史学家曾记录道:"最高级的盎格鲁-撒克逊人有这样的惯例,他们总是在酒会上对最重要的议题做出决定,而他们酗酒的频率如此之高,也就解释了这里何以成为一个暴力事件频发的社会。"[7]司法和饮酒的结合一直以来都是个敏感的话题。

在中世纪稍晚时候,很多关于阿尔弗雷德的传闻都是捏造的,人们认为是他创造了英格兰司法系统的精髓——陪审制度,但实际上,类似的制度形式最早出现在公元1000年左右,直到亨利二世(公元1154~1189年在位)时期,陪审制度才得到正式建立。

最典型的英格兰人

阿尔弗雷德的其他改革措施还包括，使韦塞克斯和麦西亚的货币标准化，并提高了货币质量，银币的含银量从0上升到了20%。

国王希望提升贵族等级、增加贵族数量，当时英格兰的贵族数量还很少，于是阿尔弗雷德下令：任何拥有400英亩以上土地的人都可以成为塞恩，也就是下等贵族；同样地，任何商人只要能证明自己曾自费出国旅行三次，就可以正式跻身上层阶级。[8]

阿尔弗雷德还想发明一种计时用具。这是因为他曾说过，愿意将自己每日的时间分为三份，8小时献给"上帝"，8小时处理公共事务，另外8小时用于休息和娱乐，这个时间表非常苛刻，他几乎没留下多少时间给自己。而日晷作为计时工具有些不太准确，他计算出，一支12便士重①的蜡烛可以燃烧4小时整，于是让自己的私人牧师们（其中包括前面提到的威尔武夫）找来72便士重的蜡烛，这样一来，6支蜡烛燃烧的时间就刚好是24个小时。他命一名教士专门为他计时，还打造了灯笼为蜡烛挡风（那时还没有玻璃窗户）。

---

① 便士重（pennyweight），又译为本尼威特、英钱等，英国重量单位。在中世纪，1英国便士重约等于1.46克。——编者注

另一件重要的遗物是阿尔弗雷德首饰,这是一枚2.5英寸的针,由金和石英制成,其上刻有"阿尔弗雷德制造"字样。这件首饰于1693年在萨默塞特的一处农庄出土,如今陈列在牛津的阿什莫林博物馆(Ashmolean Museum)。学者们曾为这究竟是何物争辩了几个世纪之久,不过现在大家似乎一致认为这是阅读时用来指示文字的工具。

总之,所有迹象都显示,阿尔弗雷德的思想水平已经走在了时代前列,他一定经常被身边的庸人烦扰。阿塞尔也抱怨过,阿尔弗雷德整日要对付那些"平庸又愚蠢,还一根筋"的人,不禁哀叹道:"我能列举一系列的防御工事,要么是他下令修建但至今还未动工的,要么就是拖延到现在还没完成的。"

阿尔弗雷德获得了巨大的成就,尽管他是一个不折不扣的神经质,而且疑心病非常重,时时刻刻觉得自己立刻会染上一场重病,或是马上疯掉——从之前提到他认为自己的生理欲望充满罪恶,从而感到痛苦万分,就能看出些许端倪。他总是对所有事情都提心吊胆,如他的传记作家所说:"他每天都在担忧各种各样的人,从第勒尼安海(Tyrrhenian Sea)到爱尔兰岛远端的居民,都是他疑心的对象,我还能说什么呢?"就好像如果不去忧心巴尔干各国的话,自己面临的难题还不够多一样。

正是这种爱国心、社会责任感和神经质的混合,让阿尔弗雷德成了最典型的英格兰人。

英格兰之王

同样重要的还有国王所推行的军事改革,其中一个重要创新就是创造了"堡"(burhs或boroughs),它既是防御工事也是城市。大批盎格鲁-撒克逊人集中在堡中抵御外敌,这就形成了英格兰自罗马撤退之后的第一批城市。阿尔弗雷德此举明显是受到了法兰克人的影响,因为此时的法兰克人也开始建造相似的工事。

这项防御工事旨在让每个人都能在15英里之内找到避难场所,最后发展成了许多重要城市的基础,其中包括沃里克(Warwick)、伍斯特、奇切斯特(Chichester)和黑斯廷斯。有些堡是在原先的罗马聚落基础上重建的,另一些则是新修筑的。据一份这个时期流传下来的文件《堡海德》(Burghal Hidage)中记载,每座城市根据其规模大小负责养活一定数量的人口,这些人共同组成城市的防御者。情况危急时,只要每个人及时进入堡内,他们就能够安全地等待国王派军救援。阿尔弗雷德还修建了首都温切斯特,并将它扩展成为一个近乎完整的城市,修建了6英里长的鹅卵石道路,每条街道边都铺设管道,为逐渐增多的城市人口提供饮水,还设立了集市供人们进行交易。

英格兰人绝不能再像以前一样，在维京人抵达英格兰并杀死所有人之后才派出军队。所以阿尔弗雷德在进行改革时，将国王掌握的军队分成了三个部分，三分之一的兵力常驻王宫，随时准备战斗，其余在家耕种，一旦维京人再次来袭，国王能召集上万之众。而且几乎可以肯定，维京人会卷土重来的。

古瑟鲁姆战败之后，一部分疯狂的维京人跑到了法兰克，他们的首领是哈斯坦因，几年前他曾率军攻打意大利。881年，法兰克国王路易三世（公元879~882年在位，在位期间与其弟卡洛曼平分王国，二王共治）在索姆河附近的索古（Saucourt）将北欧人驱逐出境，不过据说次年他在追求心仪的姑娘时意外坠马而死——如果这是真的，那他可真称得上典型的法国人了。到884年，一部分维京人又回到英格兰，在东安格利亚附近游荡，不断生事，惹人厌烦。阿尔弗雷德向古瑟鲁姆写信，要他率军帮忙保护东安格利亚，但未获得任何回复。接着在885年，维京人就在泰晤士河河湾处集结成军。

随后，丹麦人在肯特登陆，占领了罗切斯特城堡。想要占领泰晤士河，这里是一处重要的军事要塞。埃塞克斯的其他一些维京人加入了他们的队伍，不久，古瑟鲁姆与这些游骑准备一起进攻英格兰。多亏了阿尔弗雷德，此时的英格兰防御更加坚固，由于"堡"这一系统的全面建立，韦塞克斯随时可派出27000名士兵出战。另外，英格兰还拥有自己的海军。

维京人都是航海的好手,因此从爱尔兰到君士坦丁堡,都把他们视为极大威胁。为了应对维京海军,阿尔弗雷德组建了一支海上部队,建造船只、训练海军,到910年,他的舰队已经拥有100艘战舰。维多利亚时期的人将阿尔弗雷德视为皇家海军的精神之父,虽然有些夸大他的功绩,不过他的确亲自参与了大型船只的设计建造,其中运用的希腊罗马技术都是他亲自从古代典籍中搜寻得到的。在随后发生的海战中,英格兰人多次打败了维京人,要知道在这之前不久,他们还都是笨手笨脚的业余水手。

在此情形下,885年,韦塞克斯海军击败了一群丹麦海军,夺走了所有战利品,不过他们在回航时遭遇到袭击。岸上的阿尔弗雷德和儿子爱德华[即长者爱德华(Edward the Elder),公元899~924年在位]反应迅速,将入侵者赶回了东部。于是,维京人的又一次远征以英格兰与古瑟鲁姆签订新的和平协议而告终,阿尔弗雷德得以扩大韦塞克斯的地盘,未来的首都就建立在扩张的土地上。

罗马时期的伦敦城在帝国衰亡时就几乎荒废了,一群被称为中部撒克逊人(Middle Saxons)的部族曾经在其以西一英里的地方建立聚居地,称为伦敦威克,8世纪时被麦西亚占领。如今,阿尔弗雷德重建了罗马的伦敦城,还重修了古长城。阿塞尔的描写一向客观公正,他用"豪华壮观"

（splendidly）这个词来描述重建的伦敦城。从此，伦敦威克就被称为"旧城"（old city），或"奥德维奇"（Aldwych）——也就是今天的伦敦剧场区（西区）。同时，在泰晤士河对岸，阿尔弗雷德还建立了一个堡，叫"萨里防御工事"，或称南华克区（Southwark），后来成为伦敦城的心腹部位。

这一段时期是英格兰民族概念逐渐成形的关键时期，阿尔弗雷德不再仅仅是西部撒克逊人的国王，据《编年史》载，886年，在刚刚重建的城市伦敦堡内，"所有未被丹麦侵略的英格兰人都臣服于阿尔弗雷德"。阿塞尔写道："所有盎格鲁人和撒克逊人……都自愿拜阿尔弗雷德为王，臣服于他。"他成为公认的英格兰之王（rex Anglorum, king of the English）。当他与古瑟鲁姆订立合约时，据当时的文件记载，他是与"英格兰民族的议员们一起"，也就是说，他代表了他们所有人。8世纪80年代后期的宪章中，阿尔弗雷德被称为"盎格鲁人和撒克逊人的国王"。在经历了数位宣称最高地位的英格兰共主之后，第一次有人真正统治了未被侵占的英格兰民族。

为了加强在中部地区的统治，阿尔弗雷德将自己的女儿埃塞尔弗丽达（Ethelfleda）嫁给了麦西亚郡长埃塞尔里德（Ethelred）①。阿尔弗雷德与女婿多次并肩作战，还赠予了他一柄价值3000便士的剑，在那时相当于300英亩土地。

---

① 与阿尔弗雷德的哥哥同名，这里译为埃塞尔里德，以作区分。——译者注

同时，古瑟鲁姆似乎变得越来越热衷于基督教，他开始鼓励自己的部下皈依。东安格利亚的丹麦人甚至开始铸造圣埃德蒙的纪念币，尽管正是他们在20年前杀害了这位圣徒。古瑟鲁姆于890年逝世，去世前他已处于半失禁的状态。[9]

大帝之殇

不过，战斗却永远不可能真正停止。新的维京人出现了——他们似乎无穷无尽，永远有下一批。新的侵略者中最具威胁的是哈斯坦因率领的部队，他年轻时曾加入过拉格纳的远征军，参与过袭击罗马的战斗，最后从北非购买了一批奴隶并把他们带到爱尔兰。他的部队还曾洗劫并烧毁了阿尔赫西拉斯（Algeciras）的寺庙，这座城市位于摩尔人占领的西班牙地区。

892年，新的维京军队从法兰克出发，向英格兰再次开拔。他们有250艘海盗船[10]，在抵达肯特东部之后，又有80艘战舰加入。哈斯坦因一路将各种散沙般的海盗和罪犯汇聚起来，到9世纪90年代，维京军队的规模甚至比20年前还要壮大，不过，这时的英格兰已经做好了准备。

在战争打响之前，哈斯坦因将自己的两个儿子送到英格兰接受洗礼，以表现自己的善意，骗取撒克逊人的信任——他打算完成征服后就忘记这件事。阿尔弗雷德和女婿埃塞尔里德成了两个孩子的教父，他们可能怀着美好的愿景，希望这样做会让老海盗终于改变信仰，尽管这样的尝试其实每次都失败了。

丹麦人在诺森布里亚和东安格利亚发起攻势，但再一次被打败了。当哈斯坦因还在东边战场时，他的两个儿子在埃塞克斯被抓捕了。哈斯坦因可能预想着，最好的情况恐怕就是英格兰人用孩子们来勒索赎金，要么就是把两个孩子杀掉。在这个时期，许多统治者都会选择后一种处理方法，因为他们将其他任何方式都视为懦弱的表现。但阿尔弗雷德却将孩子们毫发无伤地归还了，甚至还送给他们一些礼物。无论如何，他毕竟是两个孩子的教父，尽管哈斯坦因根本没把自己在洗礼仪式时的诺言放在心上。阿尔弗雷德这样做，是他仁慈之心的最佳证明。

丹麦军队残部沿塞汶河前进，但埃塞尔里德率领的另一支英格兰军队已经更好地组织了起来，他们在西部召集了足够的兵力。丹麦人在威尔士境内的巴丁顿（Buttington）进行了最后的负隅顽抗——19世纪时在此处发现了70具骸骨。

现在哈斯坦因只剩下在东安格利亚的军队了。894年秋天，老迈的维京人将战舰留给了当地的丹麦人，自己率部北上前往切斯特——那时的切斯特还是一座荒废的罗马旧城。但到了895年春天时，他们的粮食耗尽，许多维京人放弃了抵抗。不知什么原因，其余人中有一部分继续尝试着进攻格温内思（Gwynedd），其国王阿那诺德（Anarawd ap Rhodri）曾是他们的盟友。还有一支维京军在西格菲尔斯（Sigeferth）的率领下渡过爱尔兰海，并在都柏林与另外一些维京人打了起来。哈斯坦因终于在897年放弃了抵抗，逃往法兰克。他的一生可谓是非常具有冒险性，他在各地旅行，体验了多种多样丰富的生活，见过许许多多陌生人，杀死的人也不计其数。

最后，阿尔弗雷德终于得到了和平，生活得以回到相对轻松的状态——尽管只持续了3年——他在899年10月离开人世，这可能正是他50岁的生日前夕。按照遗嘱，阿尔弗雷德的私人仆役和私人农场上的劳役都成了自由人。《编年史》记载："这年万圣节前六天，埃塞尔伍尔夫的儿子阿尔弗雷德去世。他是除丹麦统治区外的全体英格兰人的国王。"阿尔弗雷德被安葬在温切斯特。

阿尔弗雷德曾写道："人不应指望生活过得容易。"显然，他的一生没有享受过几天轻松的生活。

第9章

vs.

全境之王

Alfred the Great and England
in the Dark Ages

长者爱德华

在一两代人的时间里,阿尔弗雷德家族就收复了丹麦人统治下的所有土地,建立了一个王朝,其后代至今仍统治着这个国家。而阿尔弗雷德的孙子将成为英格兰的第一位国王。

阿尔弗雷德与麦西亚的埃尔赫斯威斯(Ealhswith)共育有五个子女:埃塞尔弗丽达和爱德华出生于874~877年之间,随后是埃塞尔吉夫(Ethelgifu)、埃塞尔维尔德和埃尔夫思里思(Elfthryth)。对于阿尔弗雷德的妻子,我们知之甚少——阿塞尔甚至根本没有提到她。

埃尔夫思里思的丈夫鲍德温是阿尔弗雷德的继母朱迪斯与她第三任丈夫铁臂鲍德温(Baldwin of Iron Arm)的儿子。小鲍德温一生大部分时候在与维京人战斗——在那个时代很难逃避这样的命运;他们的后裔玛蒂尔达(Matilda)日后将嫁给诺曼底公爵私生子威廉（William the Bastard），并统治了英格兰。根据阿尔弗雷德的遗嘱，由大儿子爱德华继承王位，埃塞尔弗丽达实际拥有麦西亚的联合统治权，而埃尔夫思里思只得到了肯特的三个村庄——刘易舍姆（Lewisham）、伍利奇（Woolwich）和格林尼治。

爱德华自很小的时候就一直在与丹麦人战斗，所以自然成为阿尔弗雷德选择的继承人；但严格意义上说，阿尔弗雷德的侄子埃塞尔沃尔德（Ethelwold）比他的堂兄爱德华更有资格。因此，在爱德华被选为王位继承人之后，埃塞尔沃尔德去了丹麦法区①自立为王，并试图夺取王位。但他有些失误，颠覆行动最后以失败告终。903年，埃塞尔沃尔德连同大量丹麦人一起被杀。

这位新国王后来被称为长者爱德华[1]，他终其一生都在与丹麦人战斗。爱德华加冕的地方靠近麦西亚、肯特和韦塞克斯的边界，名为泰晤士河畔国王镇（Kings-Town upon Thames），他父亲、祖父和儿子的加冕仪式也都在此处举行。爱德华的大部分功绩在于战功，除此之外，他还在温切斯特建造了一座修道院，并于903年将他的母亲安葬在那里。

或许他的姐姐在历史上的地位更重要一些，尽管她早已被人们遗忘。埃塞尔弗丽达和丈夫埃塞尔里德共同统治麦西

---

① 丹麦法区（Danelaw），不列颠岛有维京人的定居区，当地人被迫缴纳巨额丹麦金。——译者注

亚，912年她的丈夫去世后，她成为这个王国的实际统治者。她延续了阿尔弗雷德的政策，继续在全国各地建堡，包括斯塔福德、沃里克和朗科恩（Runcorn）；她建造的要塞之一韦勒姆非常有用，即使在第二次世界大战中仍被用作反坦克壕沟。2

埃塞尔弗丽达继续从丹麦人手中夺回了麦西亚的大片土地，协助她的兄弟逐渐吞并亨伯河以下的所有英格兰地区。她后来被称为"麦西亚贵妇"，并且凭借自己的实力成为战争女王，从丹麦人手中收复了东米德兰兹①，并成功入侵威尔士。

907年，维京人企图占领切斯特（埃塞尔弗丽达以古罗马城镇为基础修建的一座新的堡），但英国人对他们给予迎头痛击并坚守了阵地。910年，一支强大的维京军队袭击了麦西亚西部，但遭遇屠杀。据史料记载，三位丹麦国王"匆匆忙忙地下了地狱"。随着战事继续推进，埃塞尔弗丽达于917年征服了维京人掌管的要塞德比，然后是科尔切斯特，之后北安普敦的贵族宣布投降。到了圣诞节，东安格利亚的所有维京人都承诺"他们将完全听从爱德华的一切吩咐"。

918年，埃塞尔弗丽达去世，葬于格洛斯特。尽管她曾起到关键作用，但在很大程度上已经被历史遗忘了。她去世后，麦西亚贵族希望她的女儿成为领主，但爱德华却接手了

---

① 东米德兰兹（east Midlands），即英格兰中部地区的东半部。——译者注

这里,而后他将姐姐的遗体移到格洛斯特安葬,并把她的女儿带到南方,让她在修道院里度过了余生。

事实上,以我们对爱德华的了解,他是个非常无情的人。据记载,老国王去世之前,爱德华曾与一位名叫埃吉娜(Edgina)的女人有私情,埃吉娜是他在外出打猎时遇见的,可能是一名贵妇,也可能是一个牧羊女——取决于你认为这个故事有多浪漫或多令人毛骨悚然——这位女士成了"青年(爱德华)高贵的情妇"。不久,他们的儿子出生了。

"立法者"埃塞尔斯坦

出生的男孩取名埃塞尔斯坦,他的祖父生前曾十分溺爱他。然而,他的父亲需要盟友时,便抛弃了他的母亲埃吉娜,出于政治原因迎娶了新妻子埃尔芙莱达(Elflaed),并同她育有几个孩子。埃吉娜被送到了修道院,年幼的埃塞尔斯坦被送去和姑母住在一起。然而,爱德华在姐姐过世后,再次需要一个新的盟友共同抗击维京人,埃尔芙莱达因而也被送到女修道院,取而代之的是肯特郡长西格海姆(Sigehelm)的女儿埃德吉夫(Eadgifu)。

埃塞尔斯坦身边没有母亲,他的父亲又娶了另一个女人,是麦西亚的姑母抚养他长大的。尽管爱德华在后两次婚姻中另有13个孩子存世,而埃塞尔斯坦的母亲甚至都未与爱德华结婚,但是,当924年爱德华去世后,埃塞尔斯坦依然继承了王位。他很幸运,因为他的竞争对手、同父异母的兄弟埃塞尔维尔德在爱德华去世几周后就离世了,而且是自然死亡。而他另一位同父异母的兄弟埃德温(Eadwine)则死得比较蹊跷——933年埃德温曾试图夺取王位,最终遭到流放,几天后淹死在海里,尸体被冲到海岸上——不过不太可能是埃塞尔斯坦谋杀了他。埃德温去世后,埃塞尔斯坦感到非常难过,在多塞特郡的米尔顿阿巴斯(Milton Abbas)为他修建了一座修道院。

或许爱德华曾指定埃塞尔维尔德继承王位,但是麦西亚的领导人们经过共同商讨,选择了埃塞尔斯坦作为替代者,其原因可能我们永远都无法得知。在埃塞尔斯坦统治期间,这位新国王仍然是韦塞克斯政局的旁观者,我们也知道,他与温切斯特的新敏斯特教堂之间关系冷淡——这座教堂守护着他的父亲和他同父异母兄弟的遗产。

埃塞尔斯坦是一位伟大的立法者,在他祖父的基础上更进了一步。他废除了对15岁以下儿童轻微罪行的死刑惩罚,在当时的时代背景下,这一举动使他看起来像个稍显极端的自由主义者,毕竟即使到19世纪,依然有儿童被处以死刑的情况发生。埃塞尔斯坦也是英格兰第一位提出提供贫民救济的立法者,他的法典规定:"如果国王的一个地区长官未能按规定用王室领地的租金向穷人提供救济,他就必须在主教的

监督下，将30先令分发给穷人。"³

但这并不意味着我们可以忽略其他的事情，因为埃塞尔斯坦的法律也"提到，对自由女性的死刑是将其溺毙或从悬崖上抛下，对男性奴隶是扔石头，对女性奴隶则是火刑……如果处罚对象是一名男性奴隶，应有80名奴隶向他投石头，如果他们中的任何一个人有三次未能击中犯人，则此人将被鞭打三次……如果一名女性奴隶对除她主人之外的任何对象实施盗窃，则应当由80名女性奴隶，每人携带三根原木组成火堆，焚烧犯罪的女奴……（如果在惩处时发生失误）她们应支付与男性奴隶同样多的金钱，或承受上述男性奴隶所遭受的鞭打"。⁴与之相似的是，10世纪中期的一项法律描述了如下案件：一名寡妇被告到国王面前，因为有人发现她持有代表受害者的玩偶，并把钉子钉到了玩偶里——最终她被判处淹死在伦敦桥下。所以那个时代也并非"民主主义者"的天堂。

布鲁南堡战役

当然，对于10世纪的国王来说，法律改革不是最重要的，赢得大型战役才是关键。937年，埃塞尔斯坦在布鲁南堡赢得了一场辉煌的胜利（尽管已经被大多数人遗忘），这可能是英国早期历史上最重要的事件：韦塞克斯和麦西亚的士兵击败了由维京人、苏格兰人、布列吞人以及其他各种暴民组成的联合军队。

这场战役始于927年,当时约克的国王西特里克(Sithric)刚刚去世,埃塞尔斯坦立即借此机会吞并了维京王国。维京人在约克周边地区对韦塞克斯国王进行了最后的抵抗——维京疯子们在那里的统治已持续了数代,但到927年,那里的人民接受由埃塞尔斯坦成为统治者。927年7月12日,整个诺森布里亚臣服于埃塞尔斯坦,英格兰正式完成统一。

埃塞尔斯坦并未止步于此,苏格兰统治者不承认他的最高统治地位,因此他率军前往苏格兰北部与国王君士坦丁二世作战。在此期间,他还扫荡了诺森布里亚的班堡,因为当地伯爵埃尔德雷德·埃尔道芬(Ealdred Ealdulfing)拒绝臣服于他的权威。从927年至934年,英格兰北方都处于相对和平的时期,按照当时的标准来说,可以称其为一个时代。

经历了维京人统治的约克已经发展形成了自己独特的文化,斯堪的纳维亚、撒克逊和爱尔兰的影响在这里融为一体。虽然它是一个重要的贸易中心,出土了各种各样的货币,吸引了考古专家们的兴趣,还在这里发现了骨梳,不过,或许此地出土的最奇特的文物还是"世界上最大的人类粪化石"——即粪便形成的化石。

尽管承诺过永远不会与"崇拜偶像的人"打交道,但在937年,君士坦丁还是与约克的奥拉夫(Olaf)和斯特拉思克莱德（Strathclyde，位于苏格兰西部的一个说威尔士语的国家）的欧文（Owain）结为同盟。他们向南进军，正面挑战埃塞尔斯坦。

战毕，双方都伤亡惨重，但是埃塞尔斯坦的军队赢得了胜利，一首盎格鲁-撒克逊诗歌描述了此次战争的情景——在那一日结束之时，五位年轻的国王相继死去："他们毫无生气地躺倒在地，旁边是自己的佩剑，同他们一起倒下的还有奥拉夫的七位伯爵和无数苏格兰海军。"这首诗接着写道："盎格鲁人和撒克逊人跨越广阔的海域，从东边进入不列颠，他们的战士充满对荣耀的渴望，终于成为战争的主宰者；他们战胜布列吞人，打下了一片江山。然而自他们登陆以来，以我们能够读到的史料所见，这个岛上从未发生过比这次战争规模更大的屠杀。"

据估计，战斗双方人数均多达15000人，规模大于1066年的黑斯廷斯战役，在当时被称为"伟大战争"；它不仅出现在《盎格鲁-撒克逊编年史》中，也在各种挪威、凯尔特和拉丁编年史中被反复提及，甚至出现在冰岛的传奇故事中。

如今，很少有人记得布鲁南堡战役，此役可能的发生地点有四十个之多，包括邓弗里斯郡（Dumfriesshire）、诺森伯兰郡、柴郡（Cheshire）和威尔特郡。坎布里亚郡或者达勒姆的某个地方似乎是最有可能的，虽然现在默西塞德郡的一个高尔夫俱乐部声称那里才是战争的发生地。基于这一想法，当地人正在计划修建一座维京主题公园。

有些时候埃塞尔斯坦不使用暴力来征服维京人，而使用了联姻。埃塞尔斯坦总共嫁出了九个妹妹。约克的西特里克去世前娶了埃塞尔斯坦的一个妹妹。929年，萨克森国王亨利一世（Henry the Fowler，公元919~936年在位）为他的儿子奥托（Otto）求娶一位新娘，埃塞尔斯坦将同父异母的两个妹妹送到日耳曼供国王选择——未被选中的那一位回程时一定非常沮丧。

926年，埃塞尔斯坦把同父异母的妹妹埃尔德希尔德（Ealdhild）嫁给了法兰克的伟大的于格（Hugh the Great），嫁妆不仅包括香水、马匹、一只缟玛瑙花瓶、珠宝以及君士坦丁和查理曼大帝的剑，还包括刺穿过基督的长矛以及"一片镶嵌在水晶中的、神圣而精美的十字架碎片"。埃塞尔斯坦还援助他的教子——布列塔尼的阿兰（Alain of Brittany）抗击维京人。卷胡子阿兰非常彪悍，猎熊时喜欢用棍子击打熊的头部，而不是使用长矛。

"全英格兰国王"

埃塞尔斯坦在约克获得胜利之后，得到了"全英格兰国王"（rex Anglorum）的称号，他将这个称号印在了硬币上。

这是有史以来第一次有人统一了英格兰。虽然韦塞克斯的国王们统一了这个国家，但丹麦人仍然占据了人口的很大部分，当埃塞尔斯坦接管丹麦法区时，他没有驱逐维京贵族；相反，通过那些宣誓效忠者的名单可以看出，他们都是9世纪定居于此的丹麦人的后代。然而，埃塞尔斯坦确实鼓励撒克逊塞恩们在维京人的领地内购买土地，从而将维京人英格兰化。不过，这一同化过程进行得并不急迫；埃塞尔斯坦的侄子国王埃德加（Edgar，公元959~975年在位）曾下令，丹麦人可以"遵守他们最想遵守的法律"。

维京人在很大程度上改变了英格兰的特征，他们在北部和东部建立了1400个城镇和村庄，它们的名字听起来都略显刺耳，多以"Sc"开头，或以"by"结尾，包括德比、拉格比（Rugby）、格里姆斯比（Grimsby）、斯肯索普（Scunthorpe）和斯卡伯勒（Scarborough）；今天在英格兰有850个以"by"结尾的地名，其中超过一半在林肯郡和约克郡。

然而，撒克逊人和丹麦人之间的敌意在相当短的一段时间内就不再尖锐；起初，这两个群体生活在不同的村庄，并且会尽力避免彼此接触，但随着时间的推移，他们开始沟通，并且不可避免地要通婚。这两个群体在语言上的接近也对此起到了正面作用，但两种语言的不同之处仍然造成了沟通困难，因此，比邻而居的人们不得不放弃了不必要的动词结尾和无意义的词格（这些是学习大多数欧洲语言感到困难的原因），英语从此变得简单了许多。

在维京人到来之前，古英语有许多不必要的复杂之处。它有3种词性，名词根据词格的不同有5种拼写方式，形容词最多有11种形式。甚至"the"也有9种拼写方式，取决于它是阳性、阴性或中性，以及单数或复数。在语言融合之后，许多英语单词仅剩两种不同的动词结尾（例如：I do，you do，he does），形容词和名词都得以标准化，词性开始被逐步淘汰，这一过程在诺曼人的统治下逐渐完成（如今只保留了一些非常罕见的例子，如blond/blonde）。这就是为什么在今天的英语使用者看来，德语语法完全莫名其妙，近乎折磨。

丹麦人还增加了英语词汇的丰富性，添加了例如scream（尖叫）、take（拿）、clasp（紧抱）、skull（头盖骨）、anger（愤怒）、bang（重击）、berserk（狂暴的）、clasp（钩子）、cunning（狡猾的）、gruesome（可怕的）、hit（殴打）、rape（强奸）、screech（尖啸）、scuffle（扭打）、scream（喊叫）、slaughter（屠杀）等单词。

当然，并非所有来自挪威语的英语单词都与暴力相关。如果没有他们，就没有wish（希望）和want（想要），raise（养育）和rear（培养），craft（工艺）和skill（技能），they（他们，主格形式）、them（他们，宾格形式）和their（他们的）这样不同形式的单词，也不会有big（大的）、baffled（令人困惑的)、build（建造）、both（两个）、glance（闪光）、glimmer（微光）、gloat（幸灾乐祸）、kneel（跪下）或lift（举起）等单词了。特别是曾经为标准英语贡献了诸如dollop（团）、gawp（笨蛋）和nay（拒绝）等词汇的约克郡方言，受到维京人很大的影响。有些动词和名词的盎格鲁-撒克逊语版本与维京语版本都保留了下来，最终形成了意义上的微妙差异。"craft"（工艺）一词来源于盎格鲁-撒克逊语，而"skill"（技能）则来源于挪威语，他们最初有着相同的含义；"wish"（希望）和"want"（想要）、"raise"（养育）和"rear"（培养）之间也同样如此。因此，维京人使英语成为一种更丰富的语言。

与他的祖父一样，埃塞尔斯坦是一位开明的基督教君主。他求学若渴的声名广为流传，以至于整个西方基督教世界的诗人和学者都来到他的宫廷，人们甚至请求他对大陆争端进行仲裁，最终他帮助卷胡子阿兰成为布列塔尼的统治者。其他统治者如挪威的哈拉尔一世（Harold Fine-Hair，公元872~930年在位），也把孩子送到他的宫廷中进行教养，而德国的奥托则给他送来书籍。埃塞尔斯坦对书籍收藏和学习的巨大兴趣在那个时代并不常见，在国际上，他还以收集圣者遗物而闻名。[5]他的宫廷里还容留了爱尔兰主教、一名布列塔尼士兵、一名冰岛诗人，以及当时欧洲大陆最著名的学者——文法家伊斯雷尔（Israel）。[6]

埃塞尔斯坦的统治旨在"确保朝堂中提倡和讨论的信仰思想,能够在立法计划中得到表达,以及自己像一个真正的基督教君主一样统治已经统一的疆土",[7]当坎特伯雷大主教为他加冕时,他成为第一位头戴王冠(早期国王戴的是头盔)并且佩戴戒指、宝剑以及手执权杖的国王。埃塞尔斯坦也是第一位拥有王室肖像的国王。在肖像中,他头戴王冠,长长的卷发上缠着金线。如果回溯历史,他可能是符合我们想象的中世纪国王中最古老的一位。

作为一个虔诚的信徒,他复兴了修道院运动,因此也被称为"虔诚的国王埃塞尔斯坦"(Rex pius Athelstan),一首同名诗歌称他为"在广阔世界中享有盛名的神圣国王埃塞尔斯坦";其他人还称他为"不列颠世界的皇帝""英格兰之王",以及"整个不列颠的君主"(monarchus totius Britanniae)。

在掌握整个国家的统治权之后,埃塞尔斯坦首次召集全国主教和领主进行集会,并将中部地区划分为郡;他也是第一位通过法律确定全国铸币权的君主,这是王权的重要体现。英格兰已经成为一个完整的王国了。11世纪的一位埃克塞特书吏将埃塞尔斯坦描述为"全权统治英格兰的国王,在他之前,英格兰是由许多国王分别统治的"。那时一位我们只知其名为彼得勒斯(Petrus)的诗人写道:"他统治的领土已经得到统一:国王埃塞尔斯坦的伟业使他得到无限荣光。"939年埃塞尔斯坦去世之后,《乌尔斯特年鉴》(*Annals of Ulster*)记载道:"英格兰国王埃塞尔斯坦,西方世界荣耀之树的树冠,离开了人世。"

然而,被遗忘的不仅仅是他的伟大战争,英格兰的第一位国王本身也在很大程度上被遗忘了。1939年,他去世一千年的周年纪念几乎无人提及。如果你今天向普通英国人询问他们对埃塞尔斯坦的看法,他们可能会认为这是某个荒凉之所。

这位"西方世界荣耀之树的树冠"在中世纪时期威名赫赫,甚至连莎士比亚的作品中也提到过他。但到16世纪,埃塞尔斯坦开始逐渐被遗忘,而他的祖父则名声大噪起来。或许是因为阿尔弗雷德挽大厦于将倾的故事比埃塞尔斯坦添砖加瓦的故事更有吸引力,也可能是因为阿尔弗雷德委托传记作者记录了他的伟大成就,那一系列引人入胜的故事激发了人们的想象力。有资料显示,埃塞尔斯坦生前也有一本传记,但是失传了。

继承者们

埃塞尔斯坦的继承者是他同父异母的兄弟行动者埃德蒙一世(Edmund I,"the deed-doer",公元940~946年在位),这个极具主动性的绰号可能是在他击败苏格兰斯特拉思克莱德的国王之后赢得的。在那场战争中,他将国王的两个儿子扣为人质,并刺瞎了他们的双眼。埃德蒙大部分时间都在与残留在约克的维京人作战,同时也进一步推动了全国各地修道院的修建。在一场皇家宴会中,有不速之客突然闯入,埃德蒙与他打斗起来,最终互相刺中对方,同归于尽,这个本有希望大放光彩的统治阶段就此戛然而止。显然,那个时代还没有形成严苛繁复的宫廷礼仪。这名刺杀者曾是个被流放的窃贼,他通过胁迫一名埃德蒙的仆人而获得了这个机会,依据当时的风俗习惯,国王应该与自己的手下并肩战斗,直面任何敌人。(另一种更平淡的说法只说他是被刺杀而死。)

埃德蒙的弟弟埃德雷德(Eadred,公元946~955年在位)继承了王位,继续征服约克的维京人,与他们冷酷无情的首领血斧王埃里克(Eric Bloodaxe)作战。埃里克以极度嗜血而著名,在他过早地离世之前,谋杀了至少两个亲生兄弟,虽然他有差不多二十个兄弟。(埃里克因此也被称为"兄弟杀手"。)最终他死于另一个维京人之手,而到了10世纪50年代,被维京人统治将近一个世纪的约克也终于获得了完全的和平。

挪威人似乎已经无法构成军事威胁了。埃德雷德32岁时死于不知名疾病(以当时的标准来看,活到这个年纪已经不错了,至少对那些一直在抗击维京人的战士而言)。去世前他曾自封了一个宏大的称号——"盎格鲁-撒克逊人、诺森伯兰人、异教徒和布列吞人之王"。事实上,盎格鲁-撒克逊君主都喜欢使用相当夸张的头衔。埃塞尔斯坦是"全英格兰国王",埃德蒙是"英格兰和其种族群首领之王",埃德威(Edwig,公元955~959年在位)则是"天选之王、盎格鲁-撒克逊和诺森伯兰皇帝、异教徒的统治者、不列颠人的指挥官",而埃德蒙的儿子埃德加称自己为"阿尔比恩全境及其毗邻领域的独裁者"。

之后继承王位的是埃德蒙16岁的儿子埃德威,他行事鲁莽,未能参加自己的加冕仪式,引起了众怒。主教邓斯坦(Dunstan)非常生气,他前往国王在附近的住处,发现这名少年正在外与女子私会。这名女子实际上是他的堂妹,但局面却并未因此变得好看一点。为了体面,埃德威只好迎娶这名女子,但教会因二人有亲属关系而否认了这桩婚姻的合法性。[8]

然而,邓斯坦不得不逃离这个国家,国王追捕他至佛兰德的修道院并洗劫了那里。对主教而言幸运的是,坏脾气的年轻国王在几年后神秘离世,取而代之的是他的兄弟埃德加。[9]年轻的埃德威已经引得怨声载道,以至于王国陷入短暂的分裂状态,北方处在叛乱之中(虽然很长一段时间以来,北方一直由于某些原因而叛乱不断)。在埃德加治下,英格兰王国的建立才得以最终完成;当后来的国王想要确认统治权时,他们通常以埃德加的统治作为国家历史的开始。到此时,英格兰被划分成郡和百户区,或者按照丹麦法区的叫法称为小邑(wapentake),这些地区划分使得构建一个功能齐全的法律体系成为可能；这些郡（在诺曼征服之后被称为县）成为英语世界中最基本的政府机构分支。

埃德加非常强势，以至于经历了三次加冕。第一次是在国王镇，后两次发生在他的统治末期，分别在巴斯和切斯特，目的只是为了彰显他的权力；之后，七名苏格兰和威尔士国王在迪伊河上为他划船，由一名类似中世纪黑帮的人为他奉上蛋糕。他的加冕礼是历史上第一次出现由主教把王冠戴在国王头上的仪式，这一仪式显然是成功的，因为1953年伊丽莎白二世的加冕仪式与埃德加的加冕仪式几乎完全相同（除了现场有一些电视摄像机外）。至此，阿尔弗雷德家族终于完全实现了英格兰的统一。

Saxons vs. Vikings

第10章

阿尔弗雷德的遗产

Alfred the Great and England in the Dark Ages

"万人迷"

阿尔弗雷德希望将王位传给"持长矛的人,而非拿着纺锤的人",也就是说,他想将王位传给男性继承人。后来他实现了自己的愿望,不过到了1126年,他的最后一位男性继承人显贵者埃德加(Edgar the Atheling)也去世了,而这位埃德加王子在1066年的时候还是个小男孩,无法与说法语的维京人——征服者威廉(William the Conqueror)抗衡。不过,阿尔弗雷德的子孙仍然遍布世界各地,而且比后代更为重要的是,他留下的政治遗产为英格兰习惯法在后世的发展铺平了道路。

所以,随着埃塞尔斯坦的光芒在中世纪渐渐消退,阿尔弗雷德的名声愈发熠熠生辉。到了15世纪,软弱的亨利六世(Henry Ⅵ,公元1422~1461年,1470~1471年在位)还想要将阿尔弗雷德封为圣徒。此事虽然未成,但阿尔弗雷德仍是迄今唯一被称为"大帝"的英国国王。不过他的大部分事迹直到都铎王朝时期才广为人知,在某种程度上还是因为一次偶然事件:16世纪时的坎特伯雷大主教马修·帕克(Matthew Parker)热爱历史,他在修道院解散后发现了阿塞尔所著的《阿尔弗雷德的一生》的手稿,并于1574年将其出版。然而不幸的是,原版的《阿尔弗雷德的一生》在1732年10月23日发生于威斯敏斯特阿什伯姆庄园(Ashburnham house)的大火中被焚毁了。

庄园中收藏的手稿都是由罗伯特·科顿爵士(Sir Robert Cotton)在16世纪末到17世纪初收集而来的,大部分都在那一天的大火中毁坏了,可能包含了绝大部分盎格鲁-撒克逊时期的史料。附近威斯敏斯特学校的男生跑来和别墅的主人及其子一起灭火,抢救手稿,但是绝大多数手稿还是烧毁了,其中就有《阿尔弗雷德的一生》以及《贝奥武夫》。幸运的是,帕克之前就将《阿尔弗雷德的一生》这本书出版了,尽管他在副本中做了些修改。这让历史学家们很不满,因为他们无法确定这些修改是否属实。我们还知道帕克大主教有些令人怀疑,或者说他可能就是个说谎者。他声称阿尔弗雷德建立了他的母校——牛津大学,但是这很明显是假的,他可能只是想让自己的母校听起来比剑桥大学更厉害。牛津大学建立于12世纪,剑桥大学稍晚一些,但是在阿尔弗雷德生活的年代,牛津村还只有几个小窝棚。[1]他还制作了《贝奥武夫》的副本,尽管这部叙事长诗直到19世纪才广为人知。

这场大火还烧毁了《堡海德》最古老的副本。这份独特的文件列出了撒克逊时期英格兰的城镇以及长者爱德华统治时期签订的防卫条款。还有一本福音书也在大火中烧毁了，这是8世纪时诺森布里亚王国的产物。

随着时间的推移，阿尔弗雷德的声望越来越高。约翰·斯佩尔曼爵士（Sir John Spelman）在1642~1643年再次出版了《阿尔弗雷德的一生》，明显是为了教化国王查理一世（公元1625~1649年在位），但显然毫无作用，因为查理一世最终被自己的人民推上了断头台。位于白金汉郡的斯托庄园（Stowe House）是最恢宏的乡村庄园之一，极具18世纪的风格，其中建有16座英国先贤祠，只有3座是英格兰历史上的国王的，阿尔弗雷德位列其中。他的声望在18世纪和19世纪达到了最高点。1740年，王室庆祝阿尔弗雷德的德裔继承人乔治一世（George Ⅰ，公元1714~1727年在位）继位，托马斯·阿恩（Thomas Arne）写了一部歌剧《阿尔弗雷德》，歌颂这位建立了英格兰的国王（在这部歌剧的七首歌中，有一首便是著名的《统治吧！不列颠尼亚！》①）。

阿尔弗雷德成为英雄气概、公正以及自由的象征，雪莱

---

① 《统治吧！不列颠尼亚！》（Rule, Britannia! 又称《不列颠万岁》）是英国的著名军歌之一。词源自詹姆士·汤姆森（James Thomson），由托马斯·阿恩作曲。它与英国皇家海军有着密切的联系，但同时也被英国陆军所使用。——译者注

和华兹华斯（Wordsworth）也曾在诗中歌颂他。这一方面是因为我们对他知之甚少，另一方面则是由于诗人们所处时代的王室和阿尔弗雷德相去甚远。汉诺威王朝有一群令人无语的国王，乔治一世便是头一个。他的妻子与一个瑞典人有了私情，后来他把这个瑞典人杀了，并把妻子关在地牢里三十多年，直到去世。这些表现与阿尔弗雷德完全相反。在华兹华斯生活的年代，英国由乔治三世（公元1760~1820年在位）统治。乔治三世精神失常，后来便由前摄政王，即乔治四世（公元1820~1830年在位）继位，而乔治四世是个风流公子。维多利亚时期诚实正直的社会风气就是对此前这种颓废的生活方式的反抗。也因此，理想化的阿尔弗雷德在一首诗中被称为"英格兰的万人迷"（England's Darling）。

国王的遗产

现在的英国学生们会学到国王和蛋糕的故事，这已经成为英国的民间传说之一。阿尔弗雷德身上反映了英格兰人的所有美好品质。维多利亚时期的人们尤其敬爱阿尔弗雷德，认为他有着一个伟大的英格兰人应该具备的优点：勇敢、坚毅、博学。他们在温切斯特举办仪式，纪念阿尔弗雷德逝世一千周年。英国、美国及其他英语国家的大学共同募集了5000英镑，在温切斯特为他树立了一座雕像。不幸的是，他们把真实的年份搞错了。纪念仪式是在1901年举行的，然而阿尔弗雷德其实去世于899年。同时大英博物馆举办了关于阿尔弗雷德的展览，展出的文物有《盎格鲁–撒克逊编年史》里的段落、阿塞尔的《阿尔弗雷德的一生》副本、阿尔弗雷德翻译过的一些书，以及同时代一些福音书。展品中还有一些珠宝，其中有两枚金戒指，一枚属于埃塞尔伍尔夫，1780年于威尔特郡出土，由一个工人捡到，后来转手卖了34先令；另一枚戒指由阿尔弗雷德的姐姐——麦西亚女王埃塞尔斯维莎（Eathelswitha）委托打造，上面还刻着她的称号"女王埃塞尔斯维莎"，这枚戒指是19世纪70年代在约克郡发现的。

不过从宏观层面看，这些小首饰无足轻重。阿尔弗雷德真正流芳百世的遗产是英国生活中的各种制度，影响了英国及所有采用了盎格鲁–撒克逊政治体制的国家。阿尔弗雷德使英格兰免受侵略压迫，建立了历史上最为悠久、存在时间最长的民族国家之一，他的子民因此在大多数时候都幸运地享受着稳定的体制和法治。他还让英格兰文化得以与欧陆文化相沟通，在英格兰传播了拉丁语及拉丁文化。由于这些贡献，他完全称得上"大帝"。

1901年的游行队伍获准进入温切斯特大教堂——许多撒克逊君王长眠的地方，这些国王里就有阿尔弗雷德的父亲埃塞尔伍尔夫和祖父埃格伯特。不过，阿尔弗雷德这位英国奠基人的尸骨究竟在何处，一直是个未解之谜。长者爱德华将父母改葬在温切斯特大教堂，但是12世纪时，阿尔弗雷德的诺曼后裔亨利一世（公元1100~1135年在位）将他们改葬在海德修道院。而海德修道院在宗教改革中被摧毁，阿尔弗雷德的尸骨由此下落不明。这块地方后来变成了一所监狱，在重建的过程中，埋葬在海德修道院的所有尸骨都散落不知去向了。

英国国父似乎不应该埋在汉普郡的一所监狱下，而应埋葬在首都中心300英尺大的巨石下。2012年在莱斯特的一个停车场发现了理查德三世（Richard Ⅲ，公元1483~1485年在位）的尸骨之后，人们又重新燃起了找到阿尔弗雷德尸骨的希望。理查德三世的尸骨曾一度丢失，因为埋葬尸骨的教堂被毁坏了。（随后，亨利一世的尸骨于2014年在另一个停车场出土，他原本葬于雷丁修道院，也在宗教改革中遭到毁坏。）

到目前为止，温切斯特大学的考古学家实际上已经研究了六副尸骨，这些尸骨是在海德修道院遗址上的圣巴塞罗缪教堂（St Bartholomew's church）发现的。他们研究了20世纪90年代发现的一些尸骨，并总结说其中一块髋骨可以追溯到阿尔弗雷德时期，这块骨头很可能属于阿尔弗雷德家族的成员，可能是阿尔弗雷德或长者爱德华或他的兄弟埃塞尔维尔德。不过，阿尔弗雷德不像理查德三世那样，有直系的男性或女性后代可以来验证骨头的真伪，所以这或许永远都将是一个谜团。

  相关研究还在继续，不过无所谓了。阿尔弗雷德真正的遗产是英国，是传统习俗和自由，是那些享受着法治的所有撒克逊人和维京人的后代。卡斯伯特说得对：整个阿尔比恩都属于阿尔弗雷德以及他的后代子孙。

Saxons vs. Vikings 参考书目
Alfred the Great and England in the Dark Ages

本书只是对主题进行了简要轻松介绍，正如系列名"一小时英格兰史"显示的，更多细节请参阅以下资料：

Ackroyd, Peter *Foundation*

Adams, Max *The King in the North*

Albert, Edoardo and Tucker, Katie *In Search of Alfred the Great*

Ashley, Mike *British Kings And Queens*

Brooke, Christopher *The Saxon and Norman Kings*

Brownworth, Lars *Sea Wolves: A History of the Vikings*

Bryson, Bill *Mother Tongue*

Campbell, James (ed) *The Anglo-Saxons*

Clements, Jonathan *Vikings*

Crossley-Holland, Kevin *The Anglo-Saxon World*

Deary, Terry *The Smashing Saxons*

Foot, Sarah *Athelstan*

Fraser, Antonia *The Lives of the Kings and Queens of England*

Frere, Sheppard *Britannia: A History of Roman Britain*

Foot, Sarah *Athelstan: The First King of England*

Hindley, Geoffrey *The Anglo-Saxons: A Brief History*

Higham, Nicholas J, and Ryan, Martin J *The Anglo-Saxon World*

Holland, Tom *Athelstan: The Making of England*

Lees, Beatrice Adelaide *Alfred the Great: The Truth Teller, the Maker of England*

Lacey, Robert Great *Tales from English History (Part One)*

McKilliam, A. E. *The Story of Alfred the Great*

Oliver, Neil *The Vikings: A History*

Ormod, W. M. *The Kings and Queens of England*

Palmer, Alan *Kings and Queens of England*

Parker, Philip *The Northmen's Fury*

Pollard, Justin *Alfred the Great*

Ramirez, Janina *The Private Lives of the Saints*

Schama, Simon *A History of Britain Part One*

Speck, W. A. *A Concise History of Britain*

Stenton, Sir Frank *Anglo-Saxon England*

Stone, Norman: Ed *The Makers of English History*

Strong, Roy *The Story of Britain*

Tombs, Robert *The English and Their History*

White, R. J. *A Short History of England*

Wickham, Christopher *The Inheritance of Rome: A History of Europe from 400 to 1000*

Wood, Michael *In Search of the Dark Ages*

Saxons vs. Vikings

Alfred the Great and England in the Dark Ages

注释

引言

1. 也有人质疑这是否是维京人第一次袭击英格兰。

2. 克努特（1016~1035）在其家乡丹麦被称为克努特大帝。

3. 罗伯特·托姆斯（Robert Tombs）、马克·奥勒留（Marcus Aurelius）和卡斯提尔的阿方索十世（Alfonso X of Castile）是不能确定的统治者。

第1章 罗马人离开后的不列颠

1. 也称为《启示录》，描述了一系列灾难降临的时刻，其中出现了数个令人警醒的形象，如"巴比伦妓女"（the Whore of Babylon）和"兽"（the Beast）。4世纪时期的教会领袖们想把这些段落删去，因为它们太容易引起误读了，而19世纪的人文学者罗伯特·因格索尔（Robert Ingersoll）则将其描述为"整本书中最疯狂的部分"。

2.Ackroyd.

3.Ackroyd.

4.稍后的一位盎格鲁-撒克逊诗人描述道:"城市的建筑尽数倾倒,巨人的作品变为荒芜。"

第2章　布列吞与罗马

1.他们也可能指的是不列颠群岛,不过我们无法确定。

2.从狩猎采集到农耕的转变,对大部分人而言其实造成了生活水平的下降,因为他们可选择的食物变少了,而且需花费大量的时间辛勤研磨谷物。

3.巴斯克国家在中世纪时曾是法国安茹王朝的一部分,法国的民间传说中讲到,魔鬼撒旦与巴斯克人达成协议,如果学会他们的语言,就可以掌控他们的灵魂。七年后,撒旦只学会了三个巴斯克单词,他不得不放弃了。

4.这也可能是"锡田"(tin land)的意思,不过无法肯定。

5.新阿尔比恩本是在弗朗西斯·德雷克(Francis Drake)登陆加利福尼亚后,英国人给北美地区起的名字。但在美国革命之后,他们又想将这个名字给加拿大地区,最后他们厌弃了这个词,不再使用它。

6.中世纪文化的一项传统便是愚人庆典(the Feast of Fools),在这一天,社群中最低等的成员将成为地位最高的人,被叫作"混乱之主"(Lord of Misrule)。不过可能这项传统的来源还要更早一些,在一些前基督文化中,这些奴隶在享受了一天的尊敬后,在宴会最后时刻被处死。这项习俗流传到了今天,许多英国公司每年都会有一个折磨人的"娱乐日"（fun day），这一天，老板们要照顾他们的员工用餐。

7.现在城中最古老的罗马建筑位于波特丽1号办公大楼的位置。

8.19世纪将近尾声时，在威斯敏斯特教堂揭晓了一座她的雕像，雕像中的她坐在插着长钉的战车上。她现在已经成为不列颠帝国的象征，其统治的地域比罗马帝国还要广大许多，这真是显得有些讽刺。

9.杰昆·菲尼克斯（Joaquin Phoenix）在《角斗士》（*Gladiator*）中扮演康茂德，如电影所展示的，康茂德的确是个不折不扣的疯子，尽管马克西姆这个角色是虚构的。

10.根据传奇记载，奈尔是这样找到老婆的：他和朋友们走在路上感到了口渴，于是找到了一口水井，这口井却由一个老妖婆把守着，她要求他们亲吻自己才能够换得水喝，只有奈尔满足了她的要求。奈尔亲吻她之后，她变成了一个美丽的少女。显然，他们恋爱了。2006年遗传学家们发现，奈尔是如此地子息旺盛，每12个爱尔兰人中就有一个是他的男性直系后裔，2%的纽约人是他的后代。

第3章 盎格鲁-撒克逊入侵

1.大部分历史学家不同意朴茨茅斯的这个得名理由。更可能是因为这里是波特斯河（Portus）的港口。

2.奥本海默表示，盎格鲁-撒克逊人的输入可能低至只有3.5%，尽管此问题还在激烈地讨论中。

3.一些人认为安布罗斯完全是另一个人，不过没人知道真相。

4.Wood.

5.http://www.ajsefton.com/#!anglo-saxon-calendar/cldp

6.https://twitter.com/katemond/status/661859261887197184

7.Tombs.

8.我们这样推测，但也不能完全确定他们信仰什么。

9.真正能证明撒克逊人确实崇拜北欧众神的证据并不具有压倒性优势，不过的确有很大可能是如此。

10.这可能是对更复杂的事情进行了一种简单化的陈述。曾经在某一段历史时期内，布列吞人成为基督徒，而且很大程度上是独立于罗马的，这可能是因为他们仇恨当时掌权的撒克逊人，撒克逊人在成为基督徒后只保持了五分钟热度，就背叛了"上帝"。

第4章　盎格鲁-撒克逊文化起源

1.*In Search of the Dark Ages.*

2.从一个事实可以看出那时的英格兰有多么与世隔绝：634年6月，教皇荷莫里乌斯（Homorius）向艾德温和坎特伯雷大主教致函，内容是自己的一次演讲，他并不知道大主教已经逃难近两年，而艾德温已经去世了。

3.这次重修之后，班堡城堡多次出现在电影镜头中，包括最近的一部——2015年的《麦克白和最后的王国》(*Macbeth and The Last Kingdom*)。如果你在任何中世纪的电影中看到一座中世纪风格的城堡，那可能就是班堡城堡。

4.它最近一次出现是作为电影《星球大战：原力觉醒》(*The Force Awakens*)最后一幕的场景。

5.Ramirez

6.几百年来，盎格鲁-撒克逊人一直将日耳曼人称为"海外的萨克森人"，后来他们开始将大陆的日耳曼人称为荷兰人，来自德语中的"德国的"（Deutsch）一词。中世纪晚期荷兰从德国独立之后，这个词就成为了英格兰近邻的称谓，而开始用拉丁语中的"日耳曼"一词来称呼更远的邻居。喜欢看美国内战题材电影的影迷们一定知道，直到很晚近的时期，美国的日耳曼人仍被称为"荷兰人"。

7.Higham and Ryan

8.他不是唯一一个前来的外国人，跟他一起的还有来自北非的哈德里安（Hadrian），后来成为坎特伯雷地区圣奥古斯丁修道院的院长。

9.这不是什么奇特的现象。如果所有宣称的遗迹都是真的，那么施洗者约翰（John the Baptist）至少有三颗头，难怪当权的人都那么怕他呢。

10.Tombs

11.不过，还有一位名叫普罗科比（Procopius）的意大利史学家，被认为是最后一位"古典"历史学家，他将不列颠岛的人们称为"盎格鲁人"。

12.在忧郁的摇滚乐队"the Who"发行的专辑《四重人格》（Quadrophenia）中，这里作为最后一个场景戏剧性地出现了。

13. Hindley

第5章　奥法大堤

1.这个部落的名字留存在"Allemagne"一词中，这是法语中对日耳曼人的称呼。

2.这无疑是历史上最早的消费者申诉了。在大英博物馆有一块巴比隆尼亚的黏土板,可以追溯到公元前1750年,是一个叫"Nanni"的人写给一个叫"Ea-Nasir"的人的,写信人抱怨了向对方购买的铜矿。究竟"Nanni"有没有得到他的铜矿,我们永远也不可能知道了。

3.Woods,Michael

第6章　维京人来了

1.维京人的称呼也可能来自"Vik"一词,这是一个著名的峡湾。

2.Parker

3.根据"Clements"的说法

4.Parker

5.Clements,Jonathan

6.这是格玛提克斯(Saxo Gramaticus)的说法,见于Lars Brownworth的作品。

7.Parker,Philip

8.Parker

9.Clement

10.Albert,Eduardo

11.这个故事被用在了电视剧《维京传奇》中,不过剧中被投入蛇坑的人是埃勒的部下。

12.拉格纳当然就是电视连续剧《维京传奇》的主角,这部剧还讲述了其他一些半神话的人物,如比约恩和罗洛(第一个诺曼底统治者),以及埃格伯特和韦塞克斯的埃塞尔伍尔夫这样的历史人物。

13.埃勒死于血鹰刑罚的故事见于11世纪的一首吟游诗。由于这个时期的故事实在太多,这个故事的真实性也有待考证。

14.McKilliam

15.实际上,在840年前后,麦西亚的伯特伍尔夫登基时,就已经产生过某种统一的货币,韦塞克斯使用了相似的货币制度和铸币,以与麦西亚抗衡。

第7章 最后的王国

1.这是特尔瓦的普鲁登提乌斯(Predentius of Troyes)在其著作《贝尔廷的法兰克编年史》(*Frankish Annals of Bertin*)中提到的。

2.为了方便阅读,我在后文中不再使用"Æ"这个字母,以免让读者以为在读一本奇幻小说,我会用"A"或"E"来代替它。

3.Philip Parker

4.《阿塞尔斯坦》的作者汤姆·霍兰德(Tom Holland)如是说。

第8章 阿尔弗雷德大帝

1.Albert,Edoardo

2.至于这二人是否是同一人,尚不能确定。

3.我们知道这个故事发生的时间其实要早于《编年史》中记录它的年代,因为它的结构要更古老一些。

4.诚然,这个关于印度的故事还有争议,不过也的确有可能是真的。

5.Parker

6.Lees,Beatrice

7.Campbell

8.McKilliam

9.20世纪60年代的英国影迷们可能会回想起,迈克尔·约克(Michael York)曾在1969年的电影《阿尔弗雷德大帝》中扮演过古瑟鲁姆,那段时间维京题材的电影风靡一时。

10.McKilliam

第9章　全境之王

1.他原本被叫作爱德华一世,但英格兰王室的命名体系从1066年起重新开始了,很大程度上是出于偶然,因为从1272年到1377年英格兰有连续三位国王爱德华,人们习惯将他们称为爱德华一世、二世和三世以作为区分。而现在已经来不及改变这一惯例了。

2.Woods,Michael

3.Hostettler,John A History of Criminal Justice in England

4.The Oxford History of the Laws of England ed,John Hamilton Baker

5.Stanton，Frank Anglo-Saxon England

6.Wood，Michael

7.Foot，Sarah

8.这个故事可能经过了一些加工，不过我们确知的是，邓斯坦与国王的新娘及岳母似乎存在一些矛盾。

9.他们在起名方面实在是太没想象力了——ed的意思是"享有财富的"，ethel意为"皇家的"或是"好的"。

第10章 阿尔弗雷德的遗产

1.不过，关于阿尔弗雷德在886年建立牛津大学的传说最早可以追溯到13世纪，甚至得到了官方认可，所以帕克也可能不是说谎，而只是弄错了。过去的人们在推测历史事件的年代时，总是愿意将它们想象得更为古老。